台科大圖書
since 1997

寓教於樂

知識主題桌上遊戲設計

含 118 人力銀行桌遊包

侯惠澤 · 臺灣科大 NTUST MEG 教育桌遊設計小組 編著

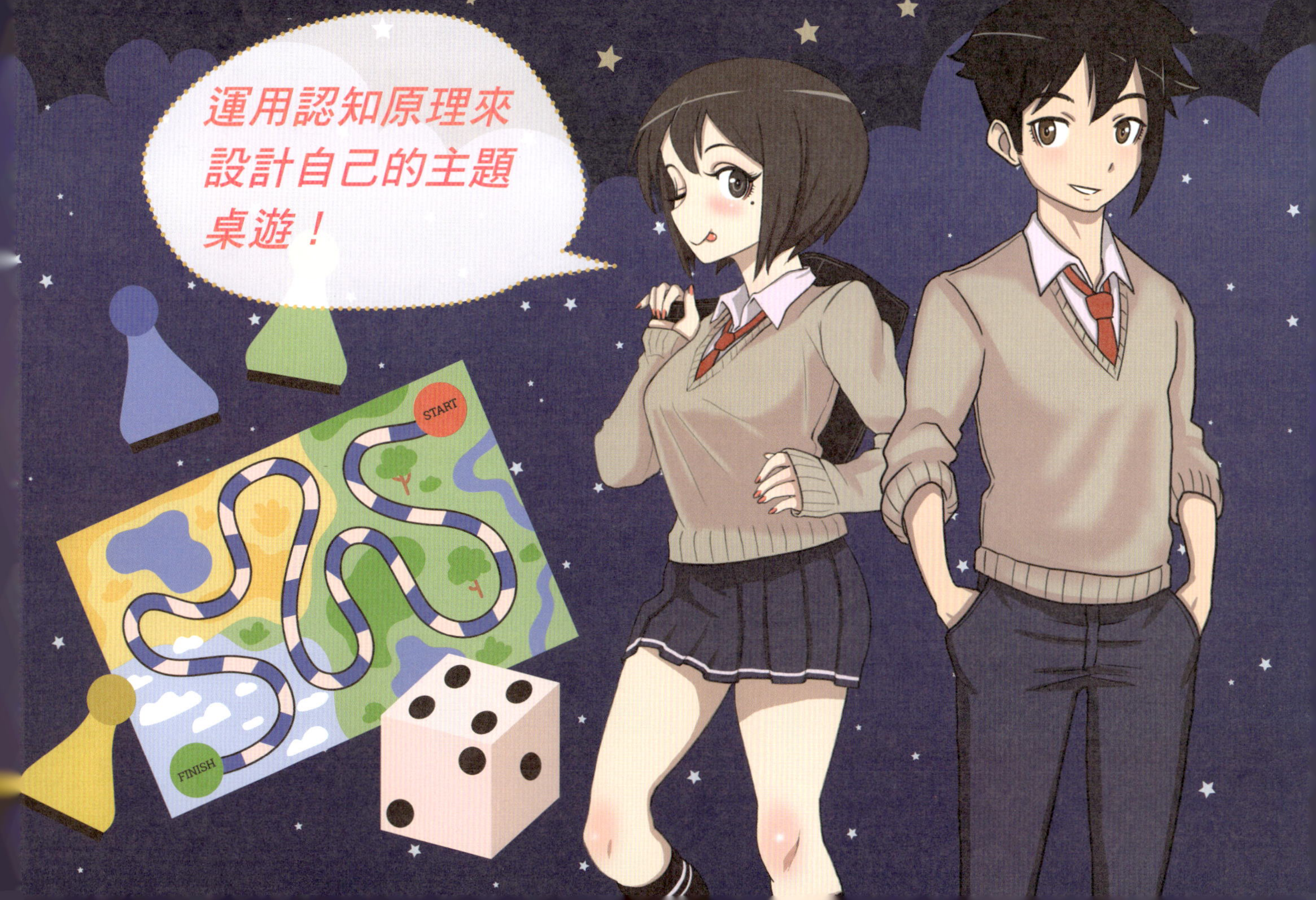
運用認知原理來設計自己的主題桌遊！
START
FINISH

推薦序

劉恭甫　兩岸企業知名創新講師顧問、《左思右想》作者

因為參加「創遊微翻轉遊戲式嘉年華」而認識了主辦人侯惠澤教授，現場展示了數量眾多來自各級學校的桌遊設計作品，經過了解之後才發現，竟然都是因為經過侯教授與其迷你數位教育遊戲團隊（NTUST MEG）所指導而產出的作品，當下立即佩服不已。

我心裡那時就在想，「這種千變萬化的桌遊設計方法可以快速學習嗎？」

我在2016年出版《左思右想》，隨書設計了亞洲第一套商業管理桌遊，是我與兒子共同設計完成的，新書上市後我突發奇想，想將企業管理的理念運用到教育界，而發起「10x10教學微桌遊公益環島計畫」，沒想到侯教授仍然在百忙之中答應幫助我們擔任公益桌遊種子講師訓練，以及總決賽的評審，讓我對侯教授百般佩服，不僅為其專業折服，更為其熱血的心投以極高的敬佩之心。

侯教授每天跟孩子有爸爸遊戲時間，研究遊戲式學習與遊戲認知設計，發表超過50篇教育相關研究論文於國際期刊，提出微翻轉遊戲式學習模式並專長於教育桌遊設計認知設計，多項產學合作的教育桌遊作品，都是基於長期對學習者認知歷程的分析，平時如果要向侯教授學習認知心理學的桌遊設計，需要進入其博士班才有機會，我心裡一直有個願望可以親自向侯教授學習這套方法。

直到侯教授邀請我為他的新書寫推薦序，我看完全文時，我的願望成真了，我突然發現，原來真的有一套循序漸進的桌遊設計方法可以讓一般人快速學習耶！

用案例與步驟貫穿全書，以淺顯易懂的技巧輔助說明，本書共分五個章節，由淺入深，由遊戲與桌遊的簡介、認知心理學的相關理論，到遊戲的分析、設計、規劃與實作各種環節的說明與完整的體驗活動、評量練習，方便各類型課程的實施，這本書《寓教於樂—知識主題桌上遊戲設計》我讀完後令我印象最深刻的，就是為了讓讀者體驗認知原理與遊戲機制，竟然也設計了這本書的桌遊—《118人力銀行》涵蓋書中所有認知機制的範例，方便讓讀者有具體的體驗，真是太神奇了。

未來當別人看到您也能快速設計出一套「桌上遊戲」，也一定會對您佩服不已，這本書就是您桌遊設計的必備寶典！誠摯推薦侯惠澤教授這本非常容易閱讀且快速實用的好書。

陳聖智

國立政治大學傳播學院數位內容碩士學位學程副教授
經濟部工業局智造服務團「台灣智慧玩具聯盟」
創新創意孕育組召集人

用桌遊翻轉學習—好玩又學到！

　　由近兩年美國新媒體聯盟（NMC）提出的「地平線報告：高等教育版」（Horizon Report: Higher Education Edition）揭櫫未來五年高等教育發展的趨勢有：持續重視學習評量與評測機制、混合式學習設計的擴增、重新設計學習空間、轉向更高層次思考的深度學習方法、推動創新文化理念以及重新思考機構運作的模式。以這些面向來檢視臺灣高教與國教的下一步，創新創意的課程與教材設計和教與學方法的翻轉是有其必要的，其牽涉的層面將影響關鍵能力的培養、素養信念價值的建立、與所欲習得（帶走）的核心能力等。在本書作者侯惠澤教授暨國立臺灣科技大學的迷你教育遊戲研究團隊（NTUST MEG）的設計研發，透過桌遊作為媒介，架接了認知理論、教育學理基礎與教學實務實作，並採用備受年輕學子所歡迎的遊戲特質，導入了學習評估機制，關鍵素養的知識主題，有助於創新課程設計的發展參考。除了學習知識之外，學習者亦可透過「玩中學體驗」（Learning by Playing）的機制與同儕互動，學習溝通及團隊合作能力；而對於教育工作者面對創意性問題分析與解決歷程，如何在引導過程中學習運用遊戲與主題知識的內涵，這是一本可作為教學方法演練和反覆閱讀運用的經典好書。

蘇健倫

桃園市立壽山高中歷史教師
桌上遊戲創遊特色課程教師

　　侯惠澤教授提出的「遊戲式學習」是非常具有「可行性」與「未來性」的素養導向實作教學法。能讓學習者在喜悅的情境下增進學習動機、激發創意思考，進一步將所學知識實用化。本書以桌遊教具包為引，循序漸進、由淺入深地介紹「遊戲式學習」與「認知心理學」理論，兼具遊戲元素、心流分析的內在涵養與遊戲機制、規則撰寫的外在模組，讓教學者能從中習得「知識主題遊戲」設計的基本概念，進而整合本身專業知能創想適用於教學現場的特色課程。我衷心推薦侯惠澤教授的《寓教於樂—知識主題桌上遊戲設計》。願我們一起將喜樂帶進課室，讓學習成為一個快樂的探索歷程。

推薦序

王嘉萍　暖暖高中化學科教師 / 桌上遊戲創遊特色課程教師

　　一本書的問世，真的很不容易！很開心有機會可以先目睹侯惠澤老師的新書，細細研讀書中內容，不難發現，老師將知識型教育桌遊設計的理念與技巧，以深入淺出的文字表達，並融合他這幾年持續推動與輔導高中端特色選修課程開設的經驗，將教育桌遊中要兼顧「好玩又學到」這最難教授但又是最重要的認知設計原則，用清楚的脈絡架構細說分明，讓初學者可以有系統地學習遊戲心理學、認知心理學等相關理論，並透過桌遊體驗活動了解遊戲分析、設計、規劃與實作甚至連評量練習都為學習者或課程實施的老師設想到了，期望大家在學習上不致顧此失彼。因為自己也有參與教育桌遊製作，進而在學校開設教育遊戲設計等相關課程的經驗，因此每次研讀這本《寓教於樂—知識主題桌上遊戲設計》專書都會有種如獲至寶之感，心想，這本書出版的正是時候，因為身為教師的我們，在面對 108 課綱的教育衝擊時，除了教學上的思維要改變之外，能開設一門讓學生產生學習遷移及培養帶得走能力的課程，也是我們的當務之急，而教育桌遊設計特色選修課程，是您值得一試的開課選擇，因為，這本專書會成為您和您學生在創遊路上的最佳學習指引！最後，讓我們一同設計教育遊戲，用遊戲來探索世界，讓學習變得更有趣吧！

劉力君（南瓜妹）　中華民國遊戲教育協會主任講師／國內知名桌遊講師

　　桌上遊戲是多元且主題包羅萬象的知識載體，這幾年除了在玩家市場廣泛受到歡迎外，也在教育圈有各種推陳出新的嘗試與應用方法，包括知識主題桌遊的出版、從遊戲機制的體驗中萃取靈感用於課程設計、辦理桌遊競賽與設計比賽等，近年隨著課程活化與素養導向議題的需求，如何設計出好玩又具有知識深度的桌上遊戲，亟需可用於具體實作的參考教材。

　　本書由臺科大迷你教育遊戲研究團隊根據厚實的出版經驗來撰寫，按步就班地彙整了遊戲出版前的各種預備與設計思考方法，包括遊戲機制的發想與組合方法、認知學習考量、挑選與優化配件、進行遊戲測試、檢核、評估找出漏洞，不斷修正達到最佳化歷程，最終在發表中獲得難得的成就感。

透過 16 個由淺入深的關卡，並搭配桌遊的試玩體驗，讓初學者也能像設計師和教學者般來思考，演練如何從無到有產出具有趣味性與知識基礎的微型桌遊，是一本每個人都可以輕鬆上手的自學與帶領參考書籍，推薦給熱愛遊戲也傾心於設計之樂的每一位同行夥伴。

宋怡慧
丹鳳高中圖書館主任 / 國文科教師
教育部閱讀磐石獎閱讀獎得主 / 國內知名閱讀理解資深講師

一個人走，走得快，但是一群人走，走得遠。

侯惠澤教授身為臺科大迷你教育遊戲研究團隊主持人，長期耕耘學習與遊戲認知設計課程，他不只是遊戲式學習的研究達人，更是陪伴親師生享受遊戲樂趣的好朋友。12 年國教新課綱的時代來臨，強調「自動好」的學習模式，強調素養導向課程設計，這樣的理念恰與本書知識主題遊戲書的內涵不謀而合，從理論到實務，設計 16 道不同的關卡，跟著主角人物自學，彷彿拿到一把進入遊戲化殿堂的鑰匙，終能窺見遊戲化課程的美麗風景。

別以為只有小孩才喜歡遊戲，侯惠澤教授與團隊設計專業的知識主題教育桌遊，賦予學習遊戲的魔力，點燃知識探究的熱情，透過知識主題桌遊，我們建立對知識的理解，能力的培養，與夥伴間競爭與合作的關係，發展有效的人際溝通，在腦力激盪的遊戲氛圍中，勇於挑戰又樂在其中，讓學習專注並更有效率，也協助學習者發揮創意與潛力。

透過本書的引導就能把握「目標明確」、「進度適中」、「建構體驗」、「保持樂趣」等四大特質，輕鬆走向知識主題桌遊課程的設計之路，讓課室裡的學生如同玩家般，在學習時更投入、更積極、更快樂，找到學習的意義。

你還在苦思如何提升學生的學習效率？如何激發學生的學習樂趣？誠摯推薦這本好書，讓我們變身為知識主題桌遊設計達人吧！

再版序
Preface

　　很開心這本書迎來了再版，我們發現，越來越多的教育機構甚至企業，在本書問世之後的這幾年間，將桌遊與教學、教育訓練進行連結，並且有許多的娛樂遊戲強調玩家可以藉由教材來體驗或更加認識遊戲背後的情境主題（如：體驗歷史事件、模擬真實工作現場或是認識某種文化、探究某個公民議題、環境議題或最近倍受重視的永續議題等等）。因此我想，此書的再版正是驗證了有更多的設計人員需要一本同時考量娛樂性與認知性的遊戲設計指南。這本書當中所涵蓋的原理與機制，不僅適合於桌上遊戲，其實也適合做為實境遊戲與數位遊戲的設計參考。

　　我們非常開心地觀察到，在這幾年裡有學校的特色課程運用這本教科書來引導學生們進行桌遊設計課程，也樂見許多的產官學機構逐漸開始重視需要以理論基礎框架來設計符合認知機制的教育桌遊，而非僅止於套用知識內容在既有娛樂桌遊機制中。專業教育遊戲的設計與評估是本團隊（國立臺灣科技大學網學中心迷你教育遊戲研究團隊 NTUST MEG）長期努力研究的目標，我們是以大量玩家的回饋與心理歷程的實證研究為基礎來提供設計的指引，期盼此書再版後，繼續以淺白的方式來引導更多的知識主題桌遊設計新手完成他們的作品！

　　目前，國內在知識型桌遊設計方面的教材或教科書仍然相對匱乏，這類教材的內容需要具備堅實的認知理論基礎和專業的學理支持。而本書即是一本有系統性學習的教育桌遊設計教科書，可以結合特色課程、工作坊、讀書會或相關講座，幫助初學者或學員快速且有系統地了解知識主題桌遊的各個方面，從而避免學習過程中的遺漏或混淆。

本書共分五個章節，內容由淺入深，從遊戲與桌遊的簡介、認知心理學的相關理論，到遊戲的分析、設計、規劃與實作等各種環節的說明與完整的體驗活動、評量練習，方便各類課程的實施，並且我們也依據教育部新課綱的三面九向素養指標來設計評量活動，方便高中職的特色課程直接運用且與素養課綱連結。

此外，為了讓教師與學生容易體驗各種抽象的認知原理與遊戲機制，我們特別設計了一款名為《118人力銀行》的桌遊，作為本書的配套教具。這款桌遊涵蓋了本書中所有的認知機制範例，讓設計者可以有具體的實踐體驗、參考與討論的基礎。教師們可以靈活運用本教材，根據自己的需求挑選書中的單元，應用在不同課程設計中。此書也適合做為工作坊、研習、講座的輔助教材，或者用於自主學習。當您挑戰完成本書中的 **16 道知識型桌遊設計初心者練功關卡** 之後，相信您已經具備了基本的教育桌遊分析、設計與評估能力！跟著我們一起來學習如何設計教育遊戲，在充滿樂趣的桌遊中探究世界吧！

除了桌遊設計之外，如果您是對於設計情境腳本式數位解謎遊戲有興趣的夥伴，也可以參考我們團隊在台科大圖書最新出版的另一本工具書：**Gather Town 遠距情境式解謎遊戲設計**，相信藉由這些工具書，可以讓您更快掌握知識主題遊戲的設計要領。

認識侯教授與 NTUST MEG 團隊

國立臺灣科技大學網路學習研究中心迷你教育遊戲設計團隊 (NTUST MEG) 主持人

侯惠澤　博士

國立臺灣科技大學
應用科技研究所特聘教授

一個熱愛遊戲的爸爸，每天跟孩子有爸爸遊戲時間。現任臺灣科技大學應用科技研究所特聘教授，臺灣科技大學網路學習研究中心主任與臺科大迷你教育遊戲團隊主持人。

長期研究遊戲式學習與遊戲認知設計，為國語日報「爸爸遊戲時間」專欄作者，著有《遊戲式學習》一書，發表超過 50 篇數位學習相關研究論文於國際期刊，提出微翻轉遊戲式學習模式並專長於教育桌遊設計及認知設計，曾獲科技部傑出研究獎、優秀年輕學者研究計畫，多項教育桌遊作品如《走過臺灣》等，由產學合作屢獲銷售佳績！

目錄
Contents

> 桌遊帶給我滿滿的新奇感，讓人不自覺想繼續探索這塊領域！達成高難度任務贏得遊戲，這真是最棒的體驗了！

筱星

Chapter 1 課程導覽
一、課程架構　　　　　　　　　　　　2
二、桌遊教具包：《118 人力銀行》　　3

Chapter 2 遊戲與桌上遊戲
一、遊戲與學習　　　　　　　　　　　16
二、桌上遊戲簡介　　　　　　　　　　17
三、知識主題桌遊簡介　　　　　　　　20

Chapter 3 遊戲特質元素與遊戲機制
一、遊戲特質元素　　　　　　　　　　26
二、投入經驗：心流　　　　　　　　　28
三、桌上遊戲之遊戲機制　　　　　　　29
四、玩家之間的互動方式　　　　　　　33
五、規則書的閱讀與撰寫　　　　　　　34

除了了解桌遊的樂趣外，我們還教導各位如何設計桌遊。

雅芙

不用擔心～按照書中的16道關卡來設計，就能循序漸進創造出屬於自己的桌遊囉！

澤君

Chapter 4 知識主題遊戲的認知設計

一、遊戲中的認知歷程	46
二、遊戲的目標與知識主題的連結	49
三、知識主題桌遊認知機制—配對機制	49
四、知識主題桌遊認知機制—組合機制	53
五、知識主題桌遊認知機制—排序機制	58

Chapter 5 知識主題桌遊製作與測試

一、設計兩大原則—好玩又學到	66
二、整合認知機制與遊戲機制的範例	66
三、製作步驟與時程規劃	70
四、遊戲測試與評估	78
五、新手設計注意事項	81

本書依設計桌遊的流程，循序漸進的安排了 16 道不同的關卡，跟著筱星、雅芙與澤君通過 16 道不同的關卡之後，您也可以從桌遊素人變成桌遊設計達人唷！

練功關卡	通關目標
 1 - 遊戲分析初心者挑戰	1- 完成一款桌遊的體驗與最初步的遊戲分析
 2 - 成為遊戲元素分析師 3 - 關於配件的思考 4 - 遊戲的初步構思	2- 體驗遊戲並完成遊戲三元素分析 3- 分析遊戲中的配件運用以及自己遊戲的配件規劃 4- 完成自己的遊戲的初步規劃表
 5 - 配對機制的分析 6 - 配對機制的分析：延伸篇 7 - 組合機制的分析 8 - 組合機制的分析：延伸篇 9 - 排序機制的分析 10 - 排序機制的分析：延伸篇 11 - 完成初步遊戲概念構思表	5- 體驗遊戲並分析配對機制的運用時機 6- 配對機制的修訂創新及運用在自己遊戲中的規劃 7- 體驗遊戲並分析組合機制的運用時機 8- 組合機制的修訂創新及運用在自己遊戲中的規劃 9- 體驗遊戲並分析排序機制的運用時機 10- 排序機制的修訂創新及運用在自己遊戲中的規劃 11- 完成自己完整的遊戲概念構思表，包含遊戲與認知機制
 12 - 遊戲認知機制整合分析 13 - 遊戲設計進度規劃 14 - 遊戲測試前檢核表 15 - 遊戲測試與評估 16 - 遊戲發表	12- 體驗並分析如何整合、修訂創新各種認知機制 13- 完成遊戲設計進度規劃表 14- 完成遊戲測試前檢核表 15- 完成遊戲的內外部測試 16- 完成遊戲發表並設計宣傳文案

 人物小檔案：

筱星

高中一年級

個性活潑，玩桌遊時喜歡冒險挑戰高難度的任務，以求遊戲的勝利。

雅芙

高中二年級

個性文靜且善於思考，興趣是研究桌遊，並經常自己設計各式各樣的桌遊。

澤君

高中二年級

個性溫柔穩重，玩桌遊時擅長思考各種策略，習慣運用布局方式贏得遊戲勝利。

Chapter 1

課程導覽

開始這堂知識型桌遊設計課程之前，我們先來熟悉一下本書的架構還有搭配本書的教具包—《118 人力銀行》桌遊。經過課程導覽的說明，會讓您在使用本書時更得心應手。

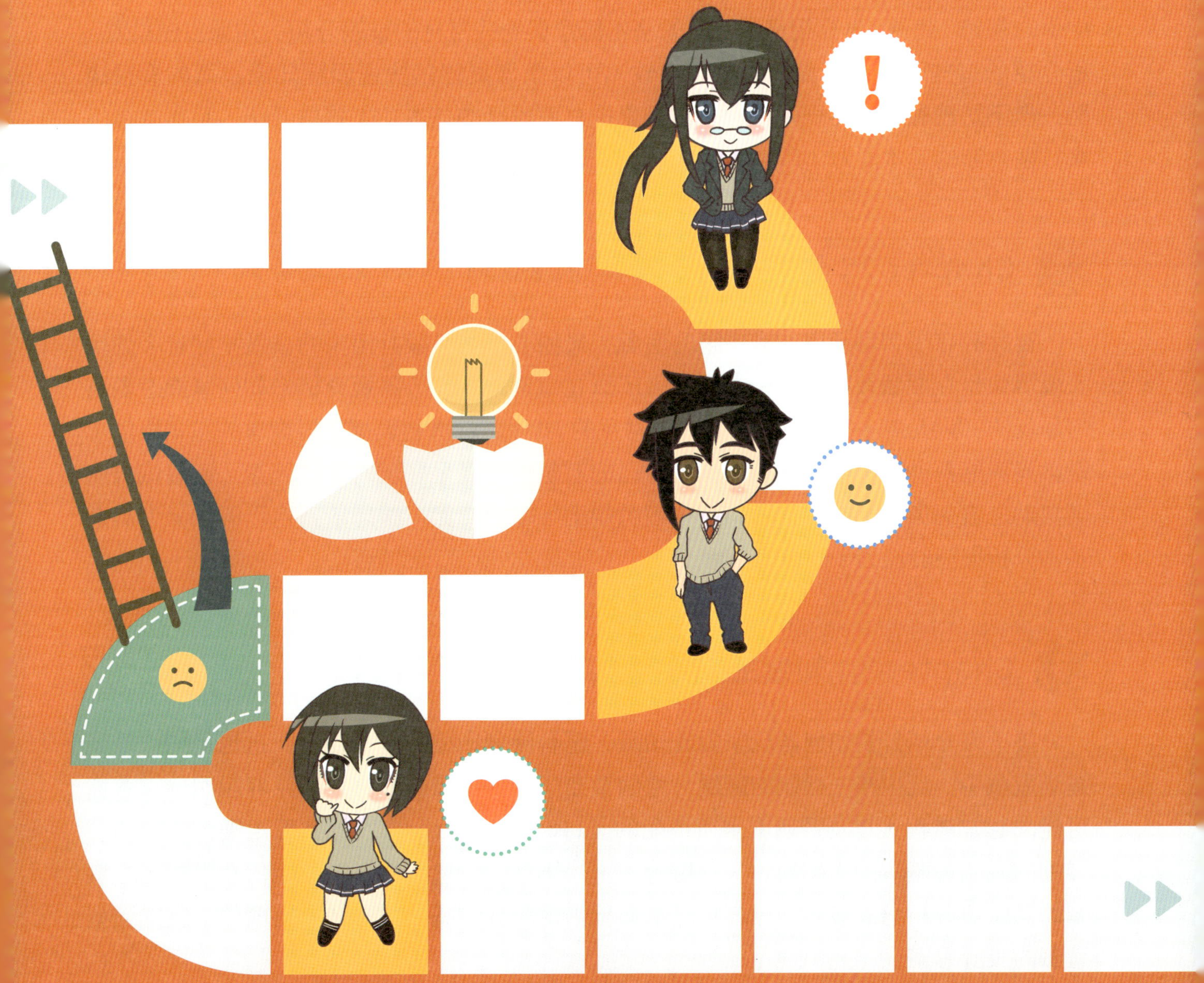

寓教於樂 - 知識主題桌上遊戲設計

 **課程架構**

有別於一般的娛樂型桌遊，本書特別著重於如何設計一款有主題知識寓教於樂的桌遊，因此強調設計出讓玩家能夠產生「玩中學體驗」（Learning by Playing）的機制。這也是目前一般桌遊設計書籍較少著墨的，在接下來的章節，我們將引導您從無到有發展出您的寓教於樂遊戲。以下一一為您介紹：

 Chapter 1：遊戲與桌上遊戲

要設計寓教於樂遊戲，需要先了解遊戲與學習的關連，以及全球最新的遊戲化與玩中學的趨勢。此外，也介紹桌上遊戲的基本概念與一些常見的桌遊分類與知識主題桌遊。所介紹的這些遊戲均具備一定的代表性，可以讓您更輕鬆快速理解知識桌遊的發展趨勢。您不妨體驗其中的一兩款遊戲，來累積桌遊設計的基本功！這些介紹，可作為接下來幾個章節的基本能力，所以一定要仔細閱讀與理解喔！

 Chapter 2：遊戲特質元素與遊戲機制

要設計有學習意涵與知識主題的遊戲，最擔心的就是設計出來的桌遊不好玩，讓玩家覺得像是在閱讀教科書或是在測驗。所以在這個章節中，將會介紹您如何掌握遊戲為何好玩的三大元素，並逐一解析桌遊中常見的 10 種遊戲機制與撰寫規則書的基本原則。遊戲元素能幫助您檢核、分析他人或自己的遊戲是否滿足好玩的基本因素，而遊戲機制則幫助您發想與組合屬於自己桌遊的遊戲規則。這個章節，讓您培養自己的知識型桌遊基本分析與設計能力，十分實用喔！

 Chapter 3：知識主題遊戲的認知設計

接下來介紹針對如何讓玩家對於知識主題有深刻印象的設計要領，這也是如何設計達到遊戲中「玩中學」機制的關鍵。這個章節，將會依據認知心理學原理說明玩家各種可能的認知歷程，以及透過本書所搭配的《118 人力銀行》桌遊的各種規則作為範例，詳細的說明最基本的「配對」、「組合」、「排序」三種認知機制。相信在這些基本機制的體驗與分析培訓後，您已經可以掌握玩中學設計的基本能力，隨時開始一款知識型遊戲的設計專案。

Chapter 4：知識主題桌遊製作與測試

本章將帶您彙整前三個章節的概念，實際引導您如何整合遊戲機制與認知機制，規劃一個從無到有，完成寓教於樂桌遊的製作時程，並說明遊戲的測試注意要點，也提供新手常常會感到棘手的問題的解答。在這個章節結束後，相信您的作品雛型已經接近完成，並期待您的遊戲發表成功！

 ## 桌遊教具包：《118 人力銀行》

為了讓本書的使用者更了解各種基本的認知機制設計的原則，我們將本書的三種認知機制整合到一個桌遊中，方便作為舉例與體驗。不但如此，這個桌遊還可以直接作為各級學校職涯探索課程的運用，遊戲的任務是扮演 118 人力銀行的人力專員高手，精準地完成公司所面對的各種職業仲介與工作媒合的各種挑戰任務。由分析求職者的性格特質、判定薪資行情，到提供就職訓練，媒合各種企業的徵才需求。整個遊戲有三種初階玩法，分別對應至三種認知機制，並有一種整合玩法，整合了三種認知機制，讓遊戲更有樂趣！以下為遊戲的完整說明書，包含配件說明與各種玩法的規則書，邀請您在還未閱讀本書前先對其中的一個小玩法體驗一下吧！

《118 人力銀行》遊戲配件

⭐ 人物卡：24 張

正面
- 人物名稱
- 人物示意圖
- 該人物的興趣特質類別

背面
- 該類別興趣特質與說明文字

卡片正面內容：
- 史小姐
- 興趣類別 A 藝術型

卡片背面內容：
- A 藝術型
- 善於用創意的手法來表達自我，希望獨立作業但也備受注目。喜歡從事運用直覺和想像來表達感受的工作。

⭐ 職業卡：42 張

正面
- 職業名稱
- 職業圖示
- 職業簡單介紹

背面
- 職業平均薪資與平均的額外獎金資訊
- 該職業對應符合的類別，紅色代表最為符合的人格類別

卡片正面內容：
- 導遊
- 陪同及引導遊客遊覽觀光、介紹及解說景點、提供導覽資訊。

卡片背面內容：
- 導遊
- 平均薪資 NT$34,139
- 額外獎金 NT$1,719
- S　社會型
- E　企業型

⭐ 徵才卡：24 張

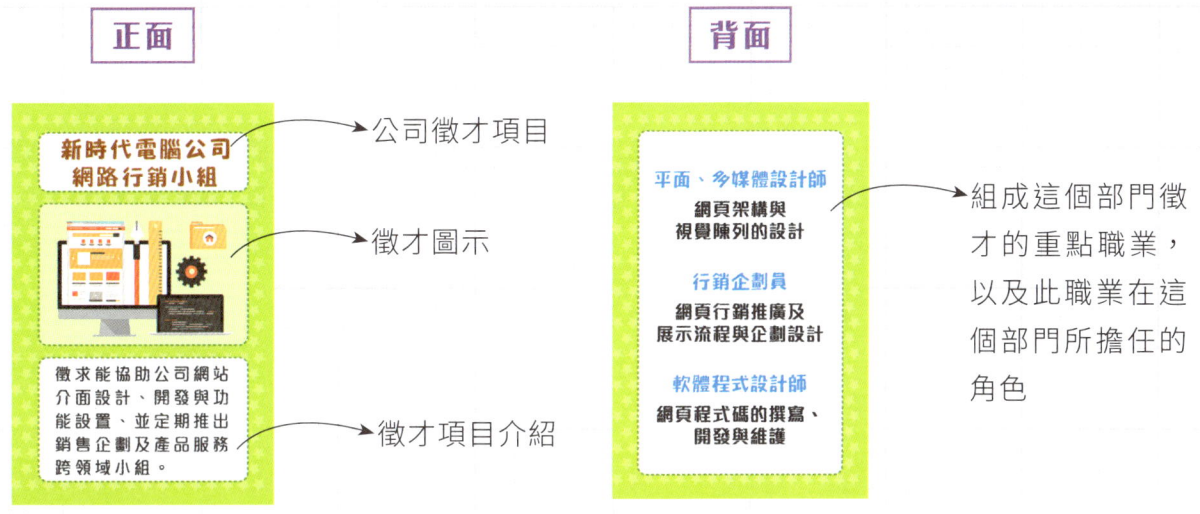

⭐ 分數標記：
有 1 分與 5 分兩種類別，用以統計遊戲積分。

「人力仲介高手」玩法規則書

⭐ **學習目標**：玩家可以指出不同職業所需要的各種人格特質。

⭐ **遊戲目標**：玩家扮演仲介者，在人物卡與職業卡的互動機制中成功預測職業的各種人格性向。

⭐ **遊戲任務**：各位都是 118 人力銀行各區頂尖的仲介實習專員，總公司正舉辦一個對於各種職業類別與人格特質的判斷配對大賽，分數最高的專員將可得到最優渥的待遇！

⭐ **使用配件**：職業卡、人物卡、分數標記。

⭐ **遊戲時間**：5 分鐘。

⭐ **遊戲人數**：2～4 人。

 **遊戲準備**

1. 將所有職業卡洗勻，正面朝上放在一旁做為牌庫。

2. 每人拿一副不同性格的 6 張人物卡（在此玩法中，每人手牌中的 6 張人物卡片須為不同的 6 種性格各一張）及 3 分的分數標記。

3. 從牌庫抽 1 張職業卡，正面朝上展示給所有玩家。

Chapter 1　課程導覽　　7

**遊戲進行**

玩家們每回合依照下列步驟行動。

Step 1　遊戲中，玩家將採用人物卡的 6 種不同人格特質來與職業卡配對。看看手中的卡片，哪些人適合這項職業？

（玩家可翻面觀看各個人物人格特質說明來做判斷）

Step 2　每位玩家同時從手牌中，背面朝上打出最少 1 張最多 3 張人物卡，並在每張人物卡分別押注分數標記，每張最少押注 1 分，總合最多 3 分，下圖為兩種可能的押注情形。

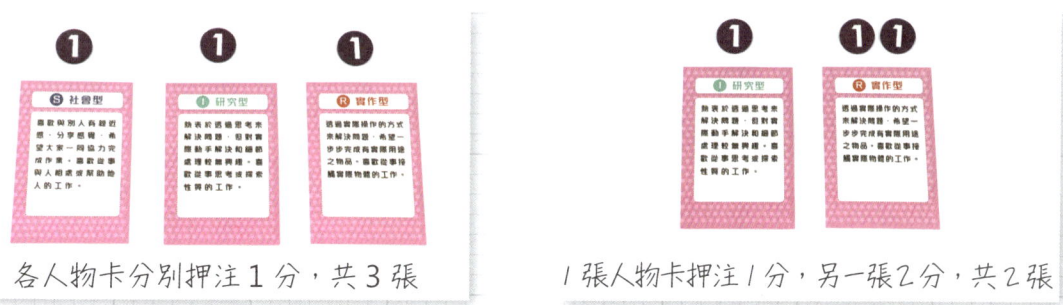

各人物卡分別押注 1 分，共 3 張　　　1 張人物卡押注 1 分，另一張 2 分，共 2 張

Step 3　所有玩家都決定好之後或兩分鐘時間限制已到，將職業卡翻面核對玩家押注的人物卡是否正確。

Step 4　符合的人物卡可獲得押注一倍的分數，符合紅色類別的可獲得兩倍的分數。如下圖：左側實作型正確獲得 1 分、中間事務型錯誤失去 1 分、右側研究型符合紅色的類別獲得 2 分。因此總共在此回合可以得到 2 分。

Step 5　該回合結束後，將該職業卡移出遊戲，再從牌庫抽 1 張職業卡放置桌上，開始新回合。

**遊戲結束**

重複進行 5 回合後遊戲結束，由分數最多的玩家獲勝。

「獵人頭專家」玩法規則書

⭐ 學習目標：玩家可以指出不同徵才工作部門中所需要的各種人力需求組合。

⭐ 遊戲目標：玩家扮演獵人頭人員，在職業卡與徵才卡的互動機制中成功預估一個工作部門或專案的職業人力組合。

⭐ 遊戲任務：各位都是 118 人力銀行各區頂尖的獵人頭專員，目前有各家企業提出組成新部門或成立新工作專案的需求，需要各位幫忙找到該工作部門／專案目前最需要的職業人力組合，分數最高的獵人頭專員將可得到最優渥的獎金！

⭐ 使用配件：徵才卡、職業卡。

⭐ 遊戲時間：5 分鐘。

⭐ 遊戲人數：3～4 人。

 **遊戲準備**

1. 將職業卡和徵才卡分別洗混做為牌庫。

2. 每位玩家從職業卡牌庫中，隨機抽取 6 張職業卡作為起始的手牌。

3. 從徵才卡牌庫中隨機抽出 12 張徵才卡放置桌面中央。

遊戲進行

由最年長的玩家作為起始玩家，玩家每回合依照下列步驟行動。

Step 1 第一階段，每位玩家可以從起始玩家開始，選擇場上 1 張徵才卡翻看背面資訊，不要讓其他玩家看到，查看自己手上的職業卡是否有符合徵才卡背面的職業，看完後放回原位置。

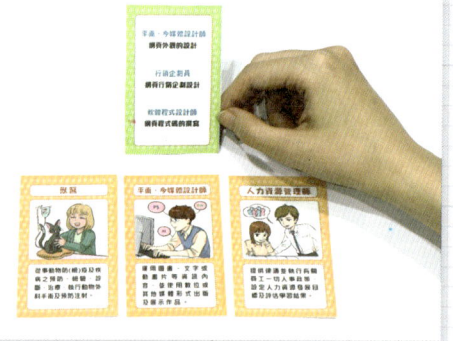

Step 2 第二階段，當所有玩家輪流第一階段行動後，由起始玩家開始，若玩家手中的職業卡，剛好有 3 張符合徵才卡背面的職業，就可以打出 3 張卡片，組合完成徵才卡，將該徵才卡收回作為得分，並將組合的職業卡放入棄牌堆，再從牌庫抽 3 張職業卡並在中央補充 1 張徵才卡。若沒有組合成功，則將徵才卡放回中央。

Step 3 當所有玩家完成第二階段，所有玩家選擇手中 3～6 張手牌交給左手邊的玩家，並把從右手邊玩家傳來的加入手牌。

Step 4 若傳完手牌並收到從右邊玩家傳來的牌後，手牌數量多於 6 張，便將多餘的職業卡放到棄牌堆；若手牌少於 6 張，則從牌庫抽牌補到 6 張，牌庫抽完就將棄牌堆重洗做為牌庫。

Step 5 當每位玩家都棄完多餘的手牌或補充手牌到 6 張後，接著下一輪，從 Step1 開始第一階段，每位玩家輪流翻看場上的徵才卡。

遊戲結束

當有玩家組合完成 3 張徵才卡時即獲得勝利，遊戲結束。

「薪資精算師」玩法規則書

⭐ 學習目標：玩家可以比較不同職業專業人士的起薪差異。

⭐ 遊戲目標：玩家扮演薪資精算師，進行職業卡的排序任務，達到正確的薪資差異排列。

⭐ 遊戲任務：各位都是 118 人力銀行各區頂尖的薪資精算師，可以精準地預估各種職業人力的起始薪資。薪資精算高手們將參與一年一度「人資盃薪資預估大賽」，分數最高的專員將可得到最優渥的獎金！

⭐ 使用配件：職業卡、分數標記。

⭐ 遊戲時間：5 分鐘。

⭐ 遊戲人數：2～4 人。

 遊戲準備

1. 將所有職業卡洗勻，正面朝上成一疊牌庫，起始時發給每位玩家 3 張職業卡，玩家在遊戲過程中不可翻面。

2. 另外將 1 張職業卡背面朝上放在桌面中央，作為第一回合的「基準卡」。

3. 所有人拿取 1 個分數標記做預備。

遊戲進行

玩家每回合依照下列步驟行動。

Step 1 每位玩家同時可以排列手中 3 張職業卡與基準卡的薪水高低（從左到右排列，左低右高），在牌列中用 1 個分數標記來當作基準卡在這三張職業卡中共同排序時的排序位置，放置在場中央的基準卡不移動。

Step 2 排序時間兩分鐘，所有人在時間內須完成排列，排序後，由左到右逐一翻面檢核排列是否正確，排列的職業卡薪資必須比前一張職業卡薪資大並且比後一張小，若正確 1 張得 2 分，錯誤 1 張倒扣 1 分。若扣分過多，扣到該位玩家剩最後 1 個分數標記為止。

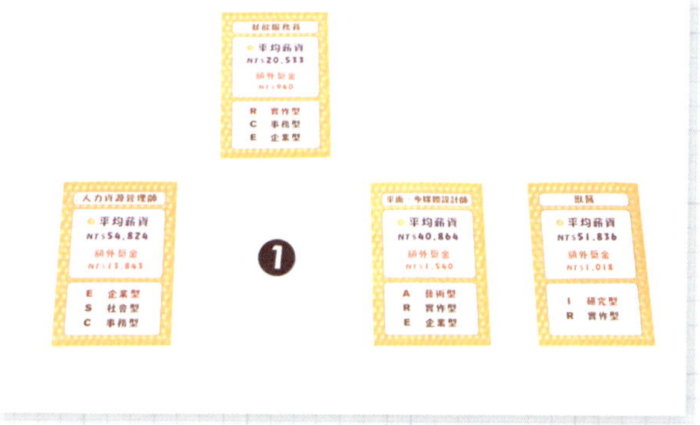

註 如上方右圖：分數標記表示基準卡排序的位置，左側職業卡薪資大於比較卡，排序錯誤扣 1 分，右側兩張牌排序皆正確獲得 4 分，因此總共可得 3 分。

Step 3 一回合排序核對後，將全部玩家的職業卡捨棄掉，玩家再輪流抽取 3 張職業卡。

Step 4 再抽取 1 張新的職業卡放置在場中作為「基準卡」，開始新回合。

遊戲結束

進行 3 回合後，由分數最多的玩家獲勝。

「118 人力仲介公司」玩法規則書

⭐ **學習目標**：玩家可以指出適合各種職業的性格特質、了解各種職業的薪資，並能配對各種徵才部門可能合適的職業類別。

⭐ **遊戲目標**：玩家扮演人力仲介專員，進行職業卡、人物卡與徵才卡的配對、組合與排序任務，達到最恰當的職業仲介績效。

⭐ **遊戲任務**：各位都是 118 人力銀行各區頂尖的人力專員，各位在經過實習訓練後，公司目前開始分派第一批任務給大家，玩家們需要合作完成各種輔導培訓、徵才媒合與薪資預估等工作，分數最高的專員將可得到最優渥的績效獎金！

⭐ **使用配件**：全部配件。

⭐ **遊戲時間**：15～30 分鐘。

⭐ **遊戲人數**：2～4 人。

 **遊戲準備**

1. 將職業卡、徵才卡和人物卡分別洗勻成為牌庫。

2. 每人分發 4 張人物卡作為手牌、3 個分數標記作為資金。人物卡代表來找您安排人力培訓課程並進行仲介的求職者。

3. 抽出 5 張徵才卡，正面朝上放置在桌面中央。代表現在各大公司開出有需求的部門或專案，需要人力銀行仲介員工。

4. 抽出 5 張職業卡正面朝上放在桌面中央，代表現在可以提供培訓的**各種職業培訓課程**，玩家不可隨意翻面。（如下圖）

 **遊戲進行**

由看起來社會經歷最豐富的玩家作為起始。從起始玩家開始，依順時針輪流進行玩家回合，每位玩家在自己的回合中可從**下列三種行動中擇一執行**。

人才培訓

打出手上 1～2 張人物卡並與中央的職業卡進行配對，1 張人物卡配對 1 張職業卡，配對後直接將職業卡翻面並確認人物卡與職業中的性格特質是否相符。

- **配對相符**：表示該員**受訓成功**，成為合格的專業人士，玩家將職業卡拿回，**正面朝上放置在自己面前，代表已經擁有完成受訓的人力（可進行徵才卡的媒合）**。然後，把配對的人物卡放入棄牌堆，中央再補充 1 張新的職業卡在場上作為新的課程，並且重新抽取 1 張人物卡，若人物卡抽完就將棄牌堆重新洗牌做為牌庫。

- **配對不符**：將人物卡收回手中，職業卡放入棄牌堆，中央再補充 1 張新的職業卡作為新的課程。

徵才媒合

選擇 1～2 張徵才卡並媒合手中的職業人才，其餘玩家可以提供 1～2 張職業卡協助該玩家徵才，有出牌的此局參與者可以同時討論徵才卡所需的職業組合為何，並由發起人最後選擇 3 張職業卡，其中至少 1 張必須是發起人自己的職業卡。接著，由發起人將徵才卡翻面，核對徵才卡的職業需求與這 3 張職業卡是否完全一致。若一致則徵才成功。

- **徵才成功**：提供職業卡的玩家，每張職業卡獲得 2 資金，發起人額外獲得 1 資金。並由發起與參與者共同合作，將這幾張職業卡薪資行情進行排序，排序後，將這 3 張職業卡翻面，確認排序是否正確，如果正確每人可額外獲得 1 資金。排序後，將配對的職業卡與徵才卡放入棄牌堆，並抽取 1 張新的徵才卡放置中央。

- **徵才失敗**：將 3 張職業卡歸還給每個出牌的玩家，正面朝上。並將該徵才卡放入棄牌堆。

更換委託

將 1 張徵才卡放入棄牌堆，重新抽取 1 張新的徵才卡放置中央。

 **遊戲結束**

當徵才卡或職業卡的牌庫抽完時，即為最後一輪，該回合遊戲結束，以資金最多的玩家獲得勝利。

2
Chapter

遊戲與桌上遊戲

遊戲與學習有什麼關連？桌上遊戲的類別有哪些？知識主題桌遊整合了遊戲機制與認知機制，身為設計初心者，要如何有效率地體驗分析遊戲與認知機制呢？本章將幫助您迅速入手！

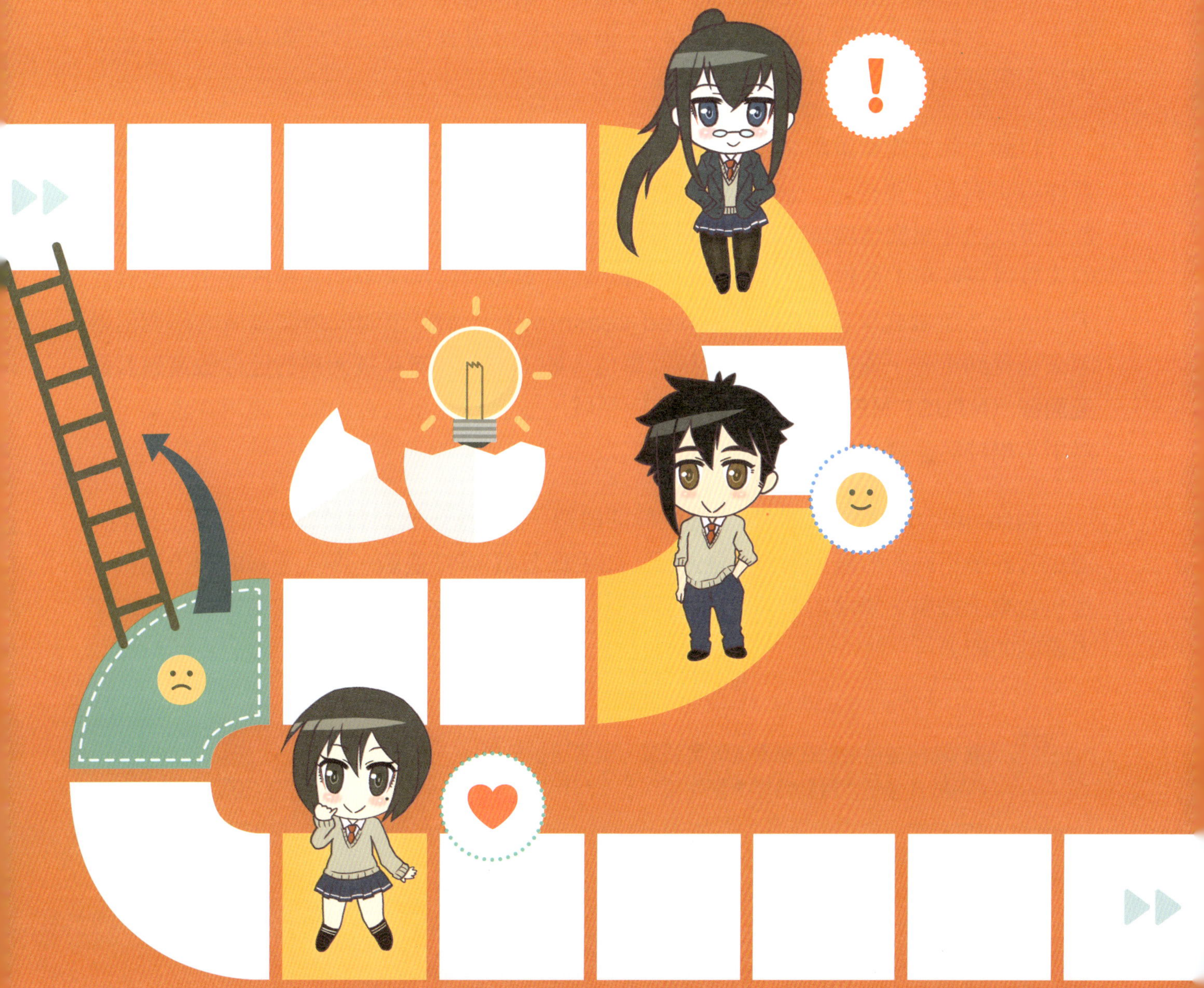

遊戲與學習

希臘哲學家柏拉圖在還沒有心理學的時代便曾經說：

「若在教育孩子時，能採用遊戲的方式，我們將能看見人類天性的流露。」

（Plato, The Republic. Book VII）

玩遊戲是人類極為重要的生命活動之一。哲學家與心理學家都曾經探究遊戲在人類生活中的影響。人類從出生以來，許多幼兒的樂趣與學習都在遊戲中度過，包含躲貓貓、扮家家酒、積木與玩具小火車，不僅給人類帶來童年的美妙回憶，也帶來許多關鍵能力的培養，包含**問題解決**、**邏輯思考**、**美感體驗**、**協調溝通**、**創造規劃**等一輩子都用得到的能力。遊戲中的樂趣，除了歡樂之外，也包含許多其他內涵、成分與功能，其中也包含了人類對於世界的探索與滿足感。

目前，除了娛樂遊戲之外，國際上有越來越多的組織、企業、學校開始將工作與學習變得更有趣，更像是一個充滿樂趣的遊戲，這便稱為**遊戲化（Gamification）**。遊戲化可以在非娛樂情境下的活動嵌入遊戲元素，讓整個活動就像一個遊戲，讓參與活動的人覺得更好玩！而也有許多的人開始著手設計更多的遊戲來輔助人類的學習，這個研究領域稱為**遊戲式學習（Game-based Learning）**。國際上關於這個領域的研究已經越來越受到重視，國內也有相關的研究單位，如：**國立臺灣科技大學的迷你教育遊戲研究團隊（NTUST MEG）**，深入研究這個領域，並發展許多教育遊戲，運用在企業、各級中小學校與家庭中的親子遊戲中。

因此，現今的遊戲發展，除了提供休閒娛樂，也逐漸延展到對於知識與技能的學習。遊戲有許多不同的形態，包含數位遊戲，如手機遊戲、PC 遊戲、多人連線的線上遊戲，也包含桌上遊戲、實境遊戲。本課程便是希望培養讀者設計一款具備知識學習功能的桌上遊戲的能力。

> **註** 關於為何運用遊戲在學習或教育領域，讀者可以參考以下書籍：
> 《遊戲式學習：啟動自學X喜樂協作，一起玩中學！》（親子天下 2016 年出版）。

 ## 桌上遊戲簡介

　　桌上遊戲強調面對面的人際互動，運用牌卡、圖板、各種配件，讓玩家在桌上進行遊戲。由於桌遊不插電，既環保又有樂趣，因此在許多的家庭或派對中時常成為人們快樂互動的一種遊戲方式。

　　尤其在歐美國家，因為店家早早就打烊了，一家人晚餐過後往往較少外出，為了讓這段家人團聚時間能有更多的娛樂選擇，桌遊經常出現在歐美國家的家庭娛樂中。有的桌遊著重於策略的思考、有些桌遊則強調即時的互動，分別可以帶給玩家不同的樂趣。國人常有印象的大富翁系列、各類戰棋都是桌遊的一種。

　　在國際上，**著名的桌遊玩家網站 BGG** 中列出了來自全球許多設計師們的各種桌遊，可謂桌上遊戲的線上百科全書。我們參考這個網站中對於桌遊的分類資訊，以及桌遊所營造玩家的感受，初步將桌遊分類為以下幾種類別，並在每種類別下列出一個此類的遊戲作為讀者認識桌遊的基礎。

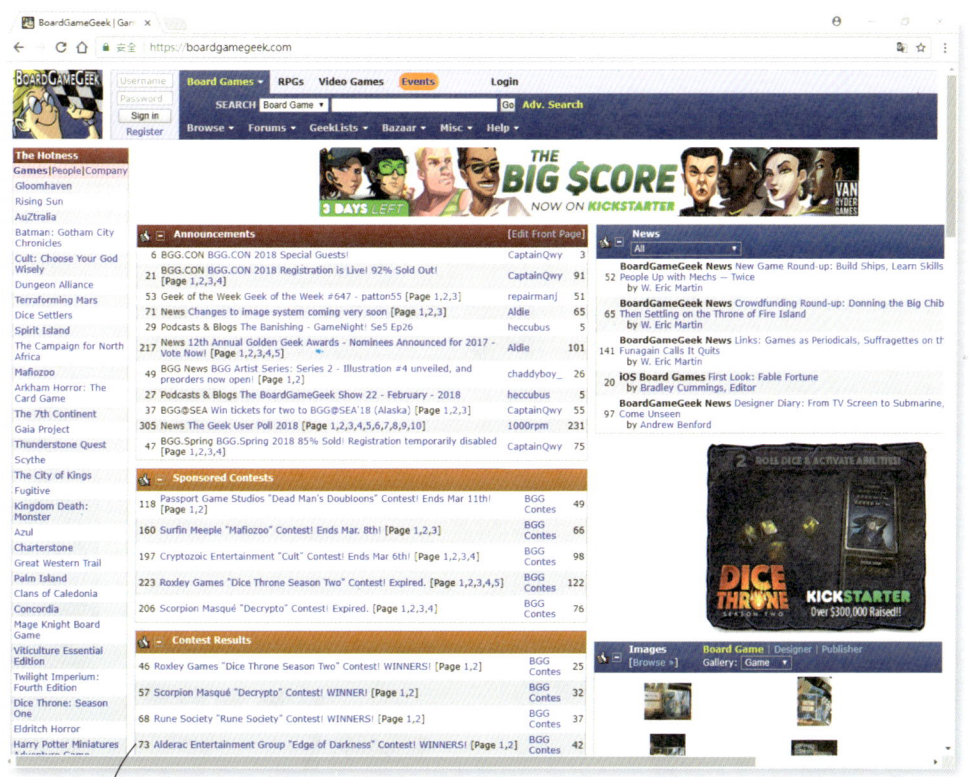

 BGG 遊戲網站（https://boardgamegeek.com）

① 派對類（Party game）

　　這類遊戲鼓勵玩家頻繁互動，規則簡單且容易設置。可以讓多位玩家在短時間內完成遊戲，同時在遊戲互動過程中獲得許多樂趣。

《閃靈快手》（GeistesBlitz）

　　《閃靈快手》是一款最多可 8 人參與的派對遊戲。場上會有一疊牌堆，當圖片上的物品和場上對應的物品顏色相同，則去抓取該物品。否則，去抓取不在圖片上的物品。本遊戲主要應用「模式識別」的機制來遊玩，藉此訓練玩家們的圖像辨識力、判斷能力和反應速度。

② 經營類別（Economic）

　　遊戲會構築一個虛擬市場，鼓勵玩家建立並管理、生產、分配、交易或是使用物品。大多數以資源交換勝利點數的遊戲都採取此規則。

《波多黎各》（Puerto Rico）

　　在《波多黎各》遊戲中，玩家扮演船運時代波多黎各的莊園主人，利用莊園生產的經濟作物通過貿易取得分數。遊戲以「行動選擇」的機制進行，玩家每輪會從若干的行動中選擇一種，如蓋建築、生產貨物等，而每位玩家將依照自己的策略，選擇不同的行動。

③ 棋奕類（Abstract Strategy）

有著非常簡單且直觀的規則，通常不一定有故事性，且較少運氣成分。

《格格不入》（Blokus）

《格格不入》有著各式各樣形狀的方格式棋子，規則也十分簡單，玩家一開始放的方塊必須接觸到棋盤角落，之後的方塊必須與同色的方塊角對角放置，但不能夠碰到同色的邊，此遊戲主要使用「板塊放置」的機制，將棋子放在遊戲板上，然後利用規則為自己的棋子尋找生存的空間，同時打壓對手的生存路線，所以在放置的時候需要謹慎思考。

④ 推理類（Deduction）

推理類遊戲會需要玩家假設各式各樣的可能性來推論結局。並且透過觀察和剔除正確度較低的可能性因子來解謎。

《妙探尋兇》（Cluedo）

《妙探尋兇》是一款偵探遊戲，每位玩家扮演不同角色，從不同的房間蒐集各種線索，再從線索中推敲犯人是誰。遊戲中用到了兩個機制，第一個是移動時使用了「擲骰」機制，利用兩顆骰子的點數和，來決定玩家移動的距離，所以玩家要算好點數，以最快方法到達目標房間，尋找線索或是進行犯人的推理。第二個是「角色扮演」機制，每個角色能力都不同，所以玩家可以運用其能力，更快達成遊戲目標。

⑤ 探險類（Exploration / Adventuring）

鼓勵玩家探索未知區域以搜索資源或是尋找同伴。

《山中小屋的背叛者》（Betrayal at House on the Hill）

《山中小屋的背叛者》是以美式驚悚電影為藍本的探險類桌遊。玩家扮演著一些經典角色，想盡辦法從這座小屋安全逃離出來。遊戲中運用到許多機制，第一個是「故事劇本」機制，當遊戲觸發某個條件時，將依照遊戲的狀態觸發相對應劇本，接著依照劇情展開後續的遊戲，遊戲可能因此發生轉折，原本是夥伴的玩家們，可能因此變成對立陣營，或是出現需玩家一同對付的怪獸等，全都依照劇本的設定有所差異。第二個是「角色扮演」機制，每位玩家將從眾多角色中選擇一位來操作，而每位角色都有屬性上的差異，可依照玩家喜好決定，例如選擇了科學家，玩家在需要智慧的檢驗中可以輕易通過，但需要力量時，便會遇到困難。第三個是「板塊放置」機制，為了製造小屋被探索的感覺，玩家在探索房間時才隨機抽一個房間板塊放置在探索位置，小屋的地圖會隨著玩家的探索方向有所不同，而每次的遊玩都會產生不同的房間配置，帶給玩家不確定性與新奇感。

 知識主題桌遊簡介

許多的桌遊涵蓋知識的主題，帶領玩家走入該知識領域的情境脈絡，並運用知識來解決遊戲任務。這類的遊戲不僅具備娛樂效果，也有助於讓玩家對這個知識主題有深入探索的內在動機。這類的遊戲通常需要考量兩種設計層面：

① 遊戲機制

加入遊戲元素與機制，讓桌遊變得好玩。在知識主題的遊戲中，因為有知識內容在情境與牌卡上，為了避免讓玩家覺得嚴肅，格外需要遊戲機制讓玩遊戲的人感受到玩的樂趣，這個部分將會在下一章說明。

❷ 認知機制

知識主題的遊戲如何讓玩家也能在「玩中學」（Learning by playing），進而更加了解這些知識，並對設計者所期待玩家體驗的核心知識內涵有更深入的思考歷程，便需要運用認知心理學的相關機制來設計遊戲，又稱為知識主題遊戲的認知機制，這部分將會於第 4 章做介紹。

關於知識主題桌遊，目前在國內外都有相關的遊戲，例如下列的遊戲便是典型的知識主題遊戲：

《演化論》

玩家扮演物種演化的推手，培養自己的生物族群，發展各樣的性狀，運用生物性狀與特性讓自己的物種生存下去。

《走過臺灣》

臺灣歷史的八十幾張重要事件牌卡，搭配圖板、押注標記與各種玩法，促進玩家思考各個歷史事件的人事時地物線索的分析與思考，連結出最長的歷史長河。

《化學事》

運用原子棋共同組合建構物質世界，獲取更多的物質卡片，並可進行各種化學反應實驗，獲取更高的點數成就。

 《7 ATE 9》

即時性的遊戲，需要在遊戲中運用簡單的加減運算來獲得勝利，考驗玩家的數字靈活運用與運算的技能。

 《寶藏臺灣》

藏寶者在寶島臺灣的許多地方埋藏了寶物，玩家需要推敲與思考臺灣各個縣市的重要線索來挖寶，是個在被對手布置過的九宮格線索下探究思考的遊戲。

🏛 《台灣走透透》

這是個臺灣的重要觀光景點的推理猜謎遊戲，玩家須在有限的觀光相關的英文提問卡中推論與搶答。當中的推論思考，可以讓玩家學習觀光相關的英文用詞與動詞運用方法。

上述的這些知識主題桌遊，有些是僅涵蓋知識主題，並未有特別針對玩家的認知歷程進行分析與認知設計。但有些則是經過縝密的認知設計，例如：《走過臺灣》、《化學事》、《寶藏臺灣》與《台灣走透透》這四款遊戲。建議大家能多體驗各類桌上遊戲，每當玩過一款遊戲時，別忘了寫下您的心得或是分析，這些心得或是分析將幫助您更快速的回顧並掌握每款遊戲的特色亮點。不管這些遊戲是娛樂遊戲或是知識型遊戲，或是已經由認知設計的教育遊戲，累積對於作品特色的註記與分析，對於未來的設計絕對有很大的助益。尤其是從第 3 章開始，將會介紹許多分析表格，建議您可以搭配這些表格來進行分析，將會讓您的分析更加專業。

24　寓教於樂 - 知識主題桌上遊戲設計

 **練功關卡 1** 遊戲分析初心者挑戰

體驗與評量活動：

4～5 人一組，由教師引導學生針對**桌遊—《118 人力銀行》的其中一款玩法或上面介紹的 6 款知識型桌遊**的其中一款，試玩兩回合。思考以下問題並寫下您的想法：

1. 在您所體驗的遊戲中，您是否更認識當中設計者想要讓您探索的知識主題？如果有幫助，可以舉例說明哪個規則或機制幫助你更了解這個知識主題。

2. 在您所體驗的遊戲中，您是否覺得好玩？哪一個部分好玩？哪個部分不好玩？為什麼？

3. 如果您是設計師，您會想要如何修改，讓這個遊戲可以讓玩家學到更多，或者更好玩？

※ 請用一頁 A4 紙針對上述三個問題列出您或您小組的答案。

聽說敏銳、客觀的分析能力對於知識桌遊設計者是非常重要的關鍵技！我一定要在第一個分析任務就提出超有深度的觀點！

3 Chapter

遊戲特質元素與遊戲機制

遊戲為何會好玩？好玩的要素有哪些？常見的桌遊有哪些遊戲機制與遊戲配件？本章將幫助您進行精簡但深入的盤整，還會帶您了解一份桌遊規則書的組成要素與撰寫要領喔！

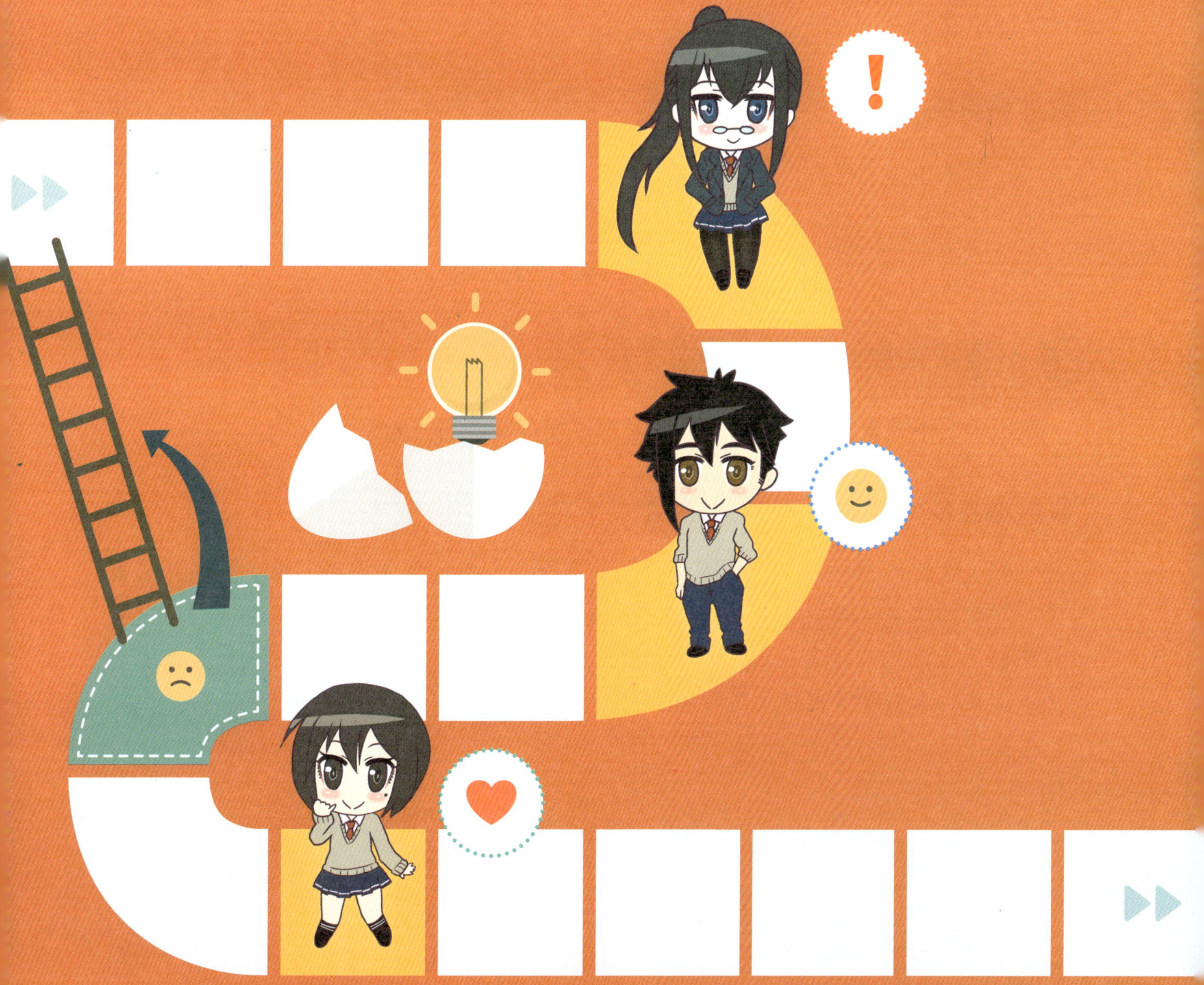

遊戲特質元素

一個遊戲為何會好玩？或者為何會引發玩家投入？遊戲活動具有一些與一般活動不同的特質，帶給玩家一種在這個活動中核心的樂趣體驗。以下幾項是關鍵的特質。

自由度與控制感（Sense of Control）

一個遊戲往往可以讓玩家自在自由地探索或嘗試各種挑戰。遊戲的設計者應該提供足夠的自由度，讓玩家可以有足夠的自由感來進行思考、人際互動與行動。控制感與自由度相似，都是強調以玩家感受與主控權為基礎的遊戲經驗，也是玩家是否能夠投入遊戲的重要環節。

設計小撇步

設計者在遊戲中提供玩家可以操弄行動的控制權。也就是讓玩家能夠感受到他可以運用自己的能力、知識或策略來進行遊戲的任務，而非只是依賴運氣。

不確定性與新奇感

遊戲中的不確定性與新奇感，是玩家想要繼續探索的重要原因。

設計小撇步

除了適當的控制感之外，遊戲設計者可提供一定程度的不確定性，例如新的事件、新的關卡或未知的世界等。這些不確定性會讓玩家每次遊戲時都有不同的體驗與樂趣。當遊戲的新進展出乎玩家意料時，往往讓玩家對繼續迎接的挑戰充滿新奇感，而使玩家想要反覆再玩這個遊戲。

③ 成就感

在遊戲中，玩家若能成功完成遊戲任務挑戰時，往往會獲得成就感。這成就感會帶給玩家一種滿足並持續挑戰更高難度或更複雜的任務。

設計小撇步

遊戲設計者可以提供難度循序漸進的任務，讓新手玩家在遊戲初期有機會得到成就感。而針對已經熟悉規則的高手玩家，也應該讓玩家有機會得到因為挑戰更高難度任務而得到的成就感。

上面提到這三個特質要素，建議在設計遊戲時，可以都考慮在遊戲中呈現，讓玩家感受到樂趣並願意一玩再玩。建議在設計您第一個桌上遊戲，想好初步的規則時，就用以下表格來檢核。

遊戲特質要素	遊戲的某些規則	規則為何可以達到這個要素？
自由度與控制感	♛ 玩家可以從手中的五張武器卡中選出兩張武器卡來裝備您在場上的三張英雄卡的裝備。	♛ 這個規則具備讓玩家有自由選擇武器，裝備在自己決定的英雄身上，來控制自己的攻防戰略的感受。
不確定性與新奇感		
成就感		

例如，當您的遊戲中有一個規則是讓玩家可以從手中的五張武器卡中選出兩張武器卡來擴充三張英雄卡的裝備。您覺得這個規則具備讓玩家有自由選擇武器，裝備在自己決定的英雄身上，並控制攻防戰略的感受。因此便可以將這個規則列在表格中。

當然，有些時候，一個規則可能同時滿足兩個要素。當您在設計遊戲時，因為有這個表格，可以幫助自己更加了解還有哪些可以讓遊戲更好玩的元素是沒有考慮過的。這個表格可以幫助桌遊設計的初學者思考如何讓遊戲更好玩。

練功關卡 2　成為遊戲元素分析師

體驗與評量活動：

將教材所附的教具包桌遊《118 人力銀行》的第一個玩法「人力仲介高手」玩 1～2 遍，並思考有哪些規則可以滿足哪些遊戲特質要素？請將您的分析填入下方的表格中。

遊戲特質要素	遊戲的某些規則	規則為何可以達到這個要素？
自由度與控制感		
不確定性與新奇感		
成就感		

投入經驗：心流

除了遊戲的特質之外，遊戲設計者一定要了解的一個心理學理論便是**心流狀態（flow）**。心流係指一個人在一個特定活動中因為專注而忽略周遭事物的投入經驗（Csikszentmihalyi, 1991）。若活動的挑戰與進行活動者的能力巧妙地達到平衡，則更有可能產生這樣的經驗：人們會因為投入而感受到極度專注、時間過得特別快或特別慢，因此會讓玩家更喜歡投入這樣的活動。遊戲是一種經常讓人類達到心流狀態的活動。

> **註** 關於心流參考文獻與閱讀：
> Csikszentmihalyi, M. (1991). Flow: The psychology of optimal experience. New York: Harper Perennial.
> Kiili, K. (2006). Evaluations of an experiential gaming model. Human Technology: An Interdisciplinary. Journal on Humans in ICT Environments, 2(2), 187-201.

芬蘭學者 Kiili 於 2006 年整理了幾個促進玩家達到心流經驗的要素，其中便包含了要有**明確的遊戲目標**，讓玩家可以很快掌握遊戲的方向與目的達成**挑戰與技能的平衡、控制感、明確的回饋**，並讓玩家的**感受與動作可以同步**等。有興趣的設計者，可以進一步研讀這些有趣的心理現象，並運用在遊戲中。

桌上遊戲之遊戲機制

遊戲的規則如何設計呢？首先要先了解各種遊戲機制。機制（Mechanism）為桌遊常用的玩法類別，這些機制搭配遊戲配件，可以讓玩家進行各式各樣的遊戲行為。以下列出常見的幾種桌遊機制，您可以依據遊戲想要帶給玩家的體驗，來選擇與組合各種機制，形成您的完整遊戲規則。

❶ 卡牌管理（Hand Management）

這是幾乎所有卡片遊戲中都會有的機制，玩家可藉由打出手牌來換取資源或是分數，而一整疊牌的組合統稱為「牌庫」。例如在《118 人力銀行》的玩法中，玩家都會從公用的牌庫抽牌，每個人都有機會抽到自己想要的卡片。以下以「使用牌庫」和「取得卡牌」的方法不同，列出這幾種手牌管理的機制。

使用牌庫	說明
公用牌庫	玩家從該牌庫抽牌，並且使用後的牌庫也會回到公用牌庫，所以重新洗牌後手牌有可能移到其他玩家手上。
各自的牌庫	玩家會有自己一套牌，使用過後還是回到玩家各自的牌庫裡，所以不會和其他玩家共用。
公用牌庫＋各自的牌庫	玩家自己擁有一套牌庫，也可以額外從公用牌庫中抽牌並擴充自己的套牌，因此此機制也被稱為「卡牌構築」。

取得卡牌方法	說明
抽 X 取 X	玩家從牌庫中抽到的手牌就是所使用的手牌，沒有選擇的空間。
抽 N 取 X，N>X	玩家比起抽 X 取 X，多了選擇 N～X 的空間。
輪抽	從牌庫中先抽一定數量的牌，第一位從中選一張保留，將剩下的牌傳給下位玩家。下一位玩家也從中選擇一張並保留，重複執行這項行動直到玩家選完。

② 行動點數分配（Action Point Allowance）

玩家可以從擁有的行動點數來規劃想採取的行動，依照擁有的行動點數多寡與可選擇的行動數量來規劃自己的行動。例如在《118人力銀行》的綜合玩法「118人力銀行」中，玩家每次都從固定的幾個行動中選擇一項執行。行動點數分配的方式可分為下列三種：

方式	說明
一選一	玩家擁有一點行動點數，且每項行動耗費一點行動點數，所以只能選擇一項行動。
多選一	玩家擁有多點行動點數，但只能選擇一項行動，每項行動可能要耗費的行動點數不相同，其餘的累積到下回合使用或兌換成其他種類的資源。
多選多	玩家擁有多點行動點數，且可以同時選擇多種行動，每項行動可能要耗費的行動點數不相同。

③ 工人擺放（Worker Placement）

每位玩家都會有一定數量的標示物。玩家可以將其擺放在遊戲圖板規定的位置內，藉此獲得遊戲資源或行動。相似於「行動點數分配」，如標示物等於行動點數，而指定位置等於可選擇的行動，但是因為有標示物及實際擺放區域，所以可以與其他玩家互動。諸如同一區域限定標示物數量，或是限定玩家數量一同擺放的限制。例如《石器時代》中，遊戲圖板上有許多不同的資源採集區，可以派遣自己的工人們到各個區域採集資源。

④ 擲骰（Dice Rolling）

主要作為遊戲內隨機因素的存在，可以提供上述提到的重要遊戲特質－不確定性與新奇感的一種常見方式，例如在《寶藏臺灣》中，利用了擲骰點數代表個別行動，以決定玩家可以執行哪些行動。

擲骰依使用方式可以分為下列五種：

方式	說明
決定資源數量或是類型	根據骰子骰到的數字或是圖案決定拿到的資源和數量。
決定行動點數	骰子骰到的數字決定玩家這回合可行動的次數。
判定	玩家執行某行動必須擲骰子。如果骰子數字和大於規定數字，則成功執行該行動，反之失敗。
目標地點	根據骰到的點數或是圖案決定前進的步數或是地點。
點數代表個別行動	玩家執行骰子上面所代表的行動。

❺ 版塊放置（Tile Placement）

玩家藉由放置板塊來獲得分數、資源，或是藉此來觸發其他遊戲機制。藉此來達成勝利。例如《化學事》中，藉由拼放原子棋組合成特定的化合物來獲得純物質卡。

❻ 交易（Trading）

玩家和玩家，或是和遊戲內的銀行之間可以用遊戲貨幣，或是以物易物來交換資源。例如《卡坦島》中，玩家可以使用自己手中的物資和其他玩家換取不同的物資。

❼ 拍賣／競標（Auction / Bidding）

玩家藉由競標方式來取得遊戲資源，或是拍賣遊戲資源來獲得更進一步的優勢。而其領先優勢往往會被出價更高的玩家所替代。例如在《現代藝術》中，玩家要利用遊戲中不同的競標方式，取得自己想要的畫作，以達到勝利。

8 模式識別（Pattern Recognition）

該遊戲通常會有各式各樣的圖案及顏色，當有玩家發現其圖案和顏色與獲勝條件有關，該玩家即可先行取得分數、遊戲資源甚至取得勝利。通常反應越快的玩家越易獲勝。例如在《SET》中，每張卡片上會有顏色、形狀、數量及圖型填充的四個特徵，而要組一組 SET 卡片就必須要找到針對四個特徵中的每一項特徵全部皆相同或全部皆不同的三張牌。

9 角色扮演（Role Playing）

玩家扮演虛擬的角色，並且在該遊戲中可以使用特殊能力。不同的角色也會在遊戲中有不同能力。例如在《瘟疫危機》中，玩家將扮演不同的角色，每個角色都會有不同的技能，善用角色的技能來獲得勝利。

10 說書 / 劇本閱讀（Storytelling）

說書類型主要讓玩家藉由遊戲提供的卡片內容、板塊等來構築一套故事。而劇本閱讀類型則是遊戲會給予玩家們一套劇本，玩家們必須依照劇本的走向和條件限制進行遊戲互動，最終走向劇情結局。例如在《說書人》中，玩家依說故事的人出牌，選擇最符合故事內容的卡來進行混淆，好讓自己得到分數，說故事的人也必須把故事說好，如果全部人都猜到了或是沒有人猜到，說故事的人都不會得分。

> 太好了，嗯…有了這些遊戲機制，我對我要做的桌遊更有想法了，每個機制都有它迷人的特色啊！

玩家之間的互動方式

在遊戲中，遊戲機制也會影響玩家的互動，進而達到更多不同互動型態的樂趣。遊戲設計者可以考量在遊戲中營造不同型態的互動方式，來達到傳達主題情境，並讓玩家擁有更多的互動樂趣。以下即為遊戲中可能出現的不同互動方式。

❶ 競爭

以玩家個人為單位與其他玩家競爭，過程中玩家之間的協議是沒有強制性的，所以可能時而互相結盟，時而獨自戰鬥。但遊戲最終只有一位勝利者。若在知識主題遊戲中，由於僅有一位勝利者，因此遊戲中大家會專注在自己能否取得勝利的方式進行競爭與資源的爭取，因此可能較少會有互助、彼此合作學習的過程。遊戲中會感受到較多競爭的張力與樂趣，但在遊戲進行中與結束後，可能不是所有玩家皆能感受到成就感。

❷ 合作

所有玩家之間共同完成目標或任務，其遊戲結果為所有玩家一同勝利或失敗。在知識主題遊戲中，玩家將有機會在此互動模式中充分為了同一個遊戲任務協作與討論，充分分享彼此的知識與觀點。然而，合作模式也需要相關的機制來輔助玩家感受到更多的不確定性與新奇感，才不會使遊戲只是一個討論的活動。例如讓玩家間彼此的牌卡隱藏，但卻要一起湊出一個組合。或是玩家不能看到自己的牌卡資訊，但隊友可以，藉由特定的彼此提示的機制來完成共同的任務。

❸ 陣營

遊戲開始時，利用抽取陣營卡來決定玩家所在的陣營。遊戲中可能因為事件導致陣營變換，遊戲結果為同陣營所有玩家共同獲勝。在知識主題遊戲中，若所體驗的主題與陣營有關，例如歷史上兩個聯盟間的戰役等，則可以讓玩家充分扮演這樣的同盟，模擬體驗這樣緊張的競合關係，進而達到對這個主題知識與時代背景的深刻印象與理解。而陣營模式，可以同時擁有上述競爭與合作兩者的優點，然而，也需要考量遊戲機制的公平性與平衡。另外，需考量規則不要過於複雜，以免遊戲者同時需要理解複雜的規則，以至於缺乏認知資源來學習或討論主題的內容。

④ 綜合應用

同時混合多種互動模式在遊戲中，例如《死亡寒冬》，玩家們必須合作度過每一次危機，因為勝利者只會有一位，所以玩家必須在競爭與合作中取得平衡，讓自己成為勝利者，而遊戲也會因為劇本的不同導致一位玩家變成邪惡的一方，讓遊戲又多了陣營的成分。這樣的設計，在遊戲機制上較為複雜，因此如同上面提到的，要格外考慮到玩家的負荷。關於玩家在腦力上的負荷，又稱為認知負荷（Cognitive Load）。

各種互動的模式與狀態，請參考以下表格：

狀態	玩家互動的型態		
	競爭	合作	陣營
起始關係	全部對立	全部同盟	陣營之間對立 同陣營玩家同盟
關係變換	無強制規定 隨玩家決定	無	可能依照事件 變換
勝利結果	個人勝利	共同勝利	陣營勝利
陣營存在	無	無	有
競爭對象	其他玩家	任務阻礙	其他陣營玩家

規則書的閱讀與撰寫

遊戲規則說明書的撰寫是桌遊設計過程中一個重要的環節，而當中的架構與陳述方式，也必須讓初次接觸的玩家容易理解。我們先來看《118人力銀行》這個桌遊的遊戲配件說明與第一個玩法「人力仲介高手」的規則書。

《118 人力銀行》遊戲配件

⭐ 人物卡：24 張

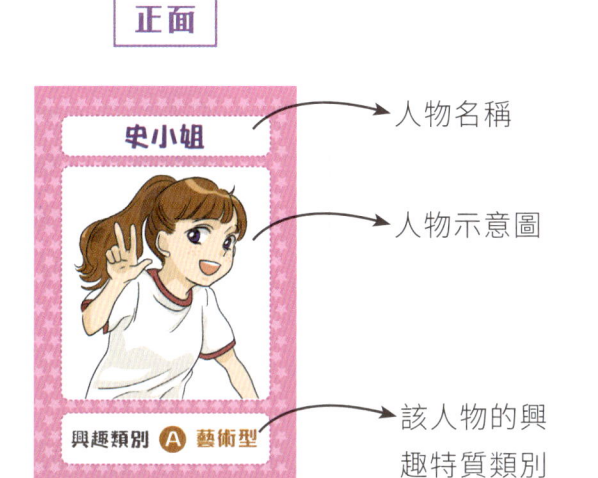

正面

- 人物名稱
- 人物示意圖（史小姐）
- 該人物的興趣特質類別（興趣類別 A 藝術型）

背面

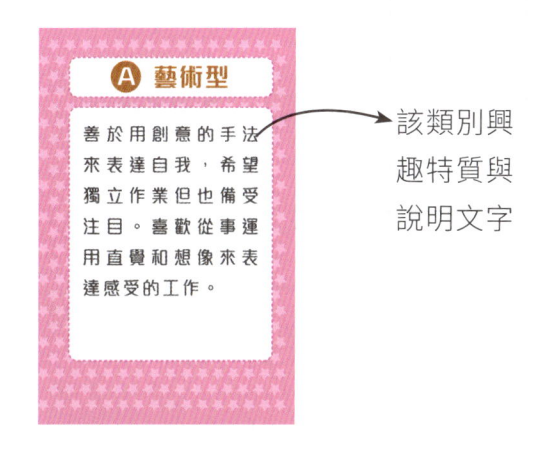

- 該類別興趣特質與說明文字（A 藝術型：善於用創意的手法來表達自我，希望獨立作業但也備受注目。喜歡從事運用直覺和想像來表達感受的工作。）

註　背面牌卡文字資訊：
參考維基百科霍爾蘭六邊形 https://zh.wikipedia.org/wiki/ 霍爾蘭六邊形、大鵬網職涯發展平台 http://youngeagle.kkp.nsysu.edu.tw/files/15-1174-25855,c4051-1.php

⭐ 職業卡：42 張

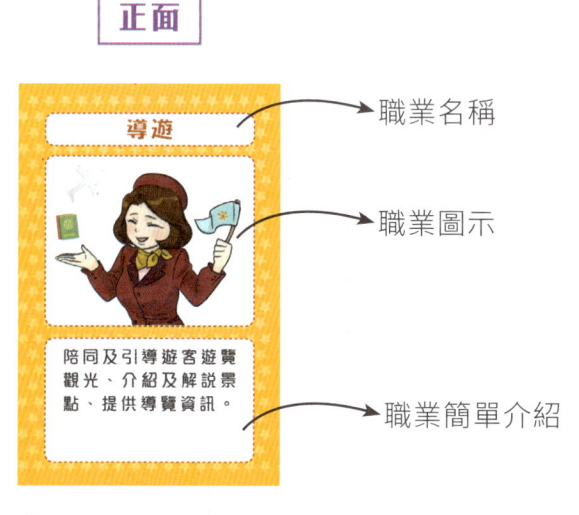

正面

- 職業名稱（導遊）
- 職業圖示
- 職業簡單介紹（陪同及引導遊客遊覽觀光、介紹及解說景點、提供導覽資訊。）

背面

- 職業平均薪資與平均的額外獎金資訊（導遊　平均薪資 NT$34,139　額外獎金 NT$1,719）
- 該職業對應符合的類別，紅色代表最為符合的人格類別（S 社會型　E 企業型）

註　牌卡文字資訊：
參考勞動部網站資訊：https://pswst.mol.gov.tw/psdn/Download/Card_100.pdf

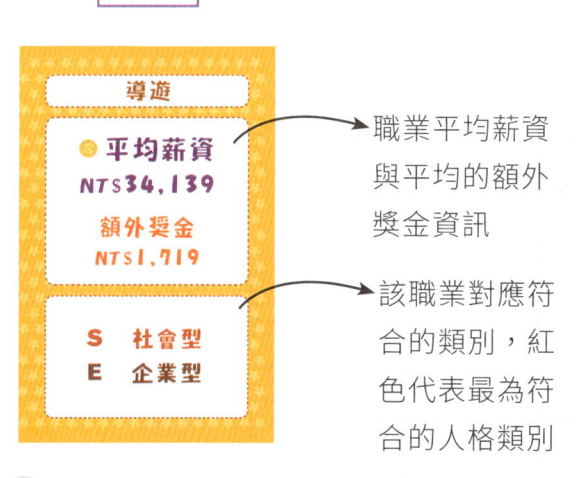

註　上、中排牌卡文字資訊：參考勞動部職業類別薪資調查：https://pswst.mol.gov.tw/psdn/Query/wFrmQuery01.aspx
下排牌卡文字資訊：參考教育部大學十八學群與高中課程諮詢輔導參考表、大考中心學系探索量表：http://www.ceec.edu.tw/123knd/、1111 人力銀行薪資公秤：http://www.jobsalary.com.tw

⭐ **徵才卡：24 張**

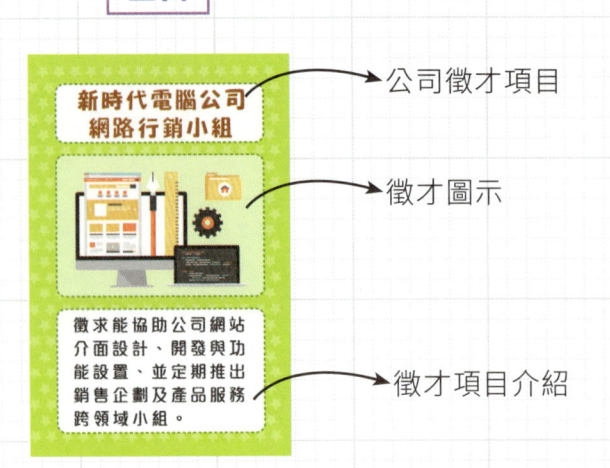

正面

公司徵才項目

徵才圖示

徵才項目介紹

背面

組成這個部門徵才的重點職業，以及此職業在這個部門所擔任的角色

⭐ **分數標記：**
有 1 分與 5 分兩種類別，用以統計遊戲積分。

1 分

5 分

註　上述本遊戲中各種牌卡的資訊均參考上述專業網站進行設計，並委請專業諮商心理師進行校對。惟資訊在此遊戲中僅供玩家遊戲與參考之用，若需進行正式的就業輔導，還是需要由專業的就業輔導人員實施或搭配運用。

練功關卡 3　關於配件的思考

體驗與評量活動：

繼續看下去之前先想想看：

1. 為何需要在桌遊規則書之前呈現配件說明？
2. 比較課堂中曾經體驗的各種桌遊與配件，說說您對於這些配件的質感、用途的想法（可包含各種觀點）。
3. 思考一下您未來想要設計的遊戲期待能涵蓋哪些配件，列出於下面表格中：

配件名稱	材質	大小	用途

　　一個桌遊由許多遊戲的配件組成，因此，在發想一個新遊戲時，需要在大致上確認遊戲主題與遊戲規則之後，便須要同時考慮需要哪些配件來幫助遊戲的進行。而在規則書之前，必須先說明配件的內容與數量，才便於讓讀者在後續規則提到該類的配件時容易理解。遊戲的配件除了最常見的卡片之外，通常也包含骰子、圖板與各種標記物等，常見的配件可詳見以下介紹。

寓教於樂 - 知識主題桌上遊戲設計

卡片

材質：紙、塑膠

常見用法：承載遊戲中大部分的資訊，包含成功條件、建構條件、獎勵資訊、角色資訊、任務資訊、資源、分數等，以上只列出常見的用法。

例子：《On The Go》卡牌、《寶藏臺灣》的提示卡等。

個人資訊板

材質：厚紙

常見用法：玩家個人的資訊圖板。

例子：《山中小屋》中，玩家有自己的個人資訊板，每個人的屬性會因為角色不同，而有所差別。

遊戲主圖板

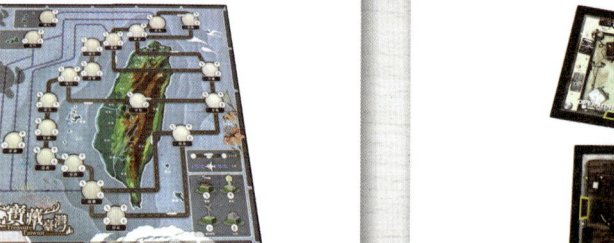

材質：厚紙

常見用法：遊戲中，主要會在這個圖板上進行。

例子：《寶藏臺灣》的臺灣地圖、《On The Go》的景點板。

遊戲板塊

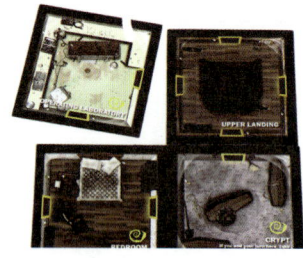

材質：厚紙

常見用法：以小片板塊為主的遊戲，或利用拼湊來完成遊戲。

例子：《山中小屋》中，玩家所行走的地圖，就是利用板塊一個一個拼湊起來的。

Chapter 3　遊戲特質元素與遊戲機制　39

米寶

示意圖

材質：木頭

常見用法：玩家標記物。

例子：《寶藏臺灣》中，代表玩家在地圖上移動的 token。

骰子

示意圖

材質：塑膠

常見用法：通常作為遊戲中不確定因素，也會因為遊戲不同的需要，而使用非六面骰的骰子。

例子：《寶藏臺灣》利用骰子決定玩家能做的行動。

資源指示物

示意圖

材質：塑膠、木頭、紙

常見用法：以顏色象徵不同的資源，紙、塑膠的材質，多為扁平上印有所代表的資源圖案。

例子：《On The Go》中的問答指示物、《寶藏臺灣》的資金。

數量標記物

示意圖

材質：塑膠、木頭、紙

常見用法：通常在遊戲中，作為某些量表標記數量的 token。量表可以表示為資源、分數等。

例子：《山中小屋》中，用來標示玩家屬性數值的 token 及有些劇本中使用到的回合紀錄。

寓教於樂 - 知識主題桌上遊戲設計

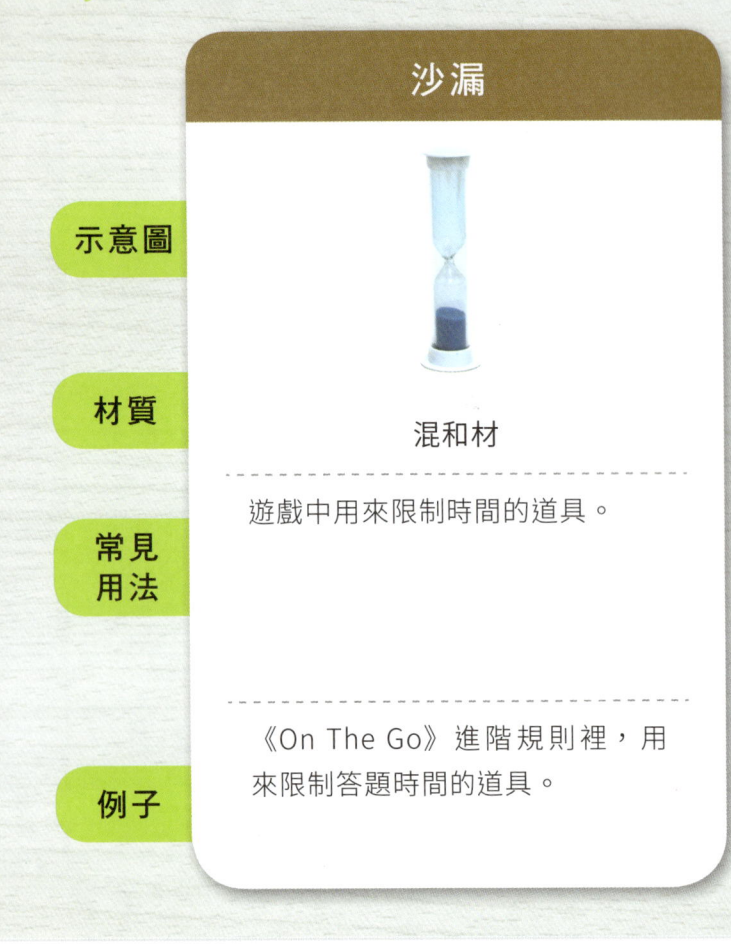

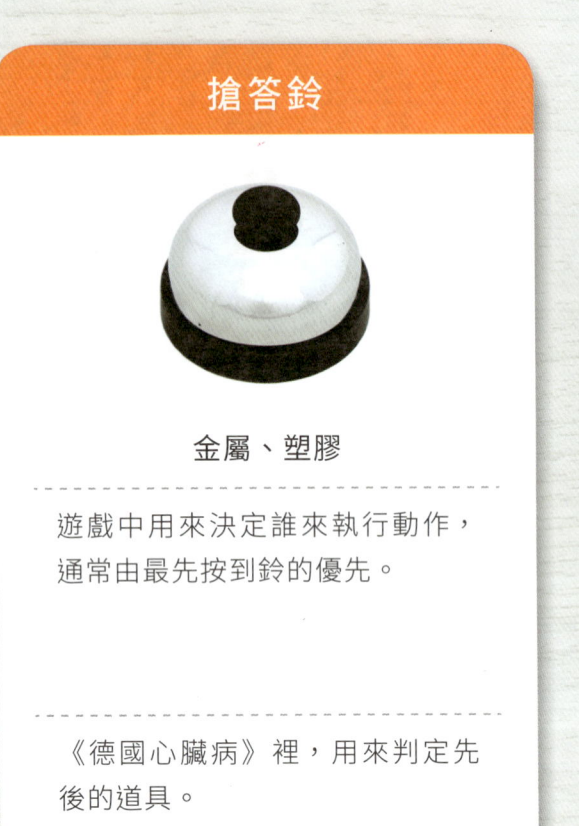

	沙漏	搶答鈴
示意圖	（沙漏圖）	（搶答鈴圖）
材質	混和材	金屬、塑膠
常見用法	遊戲中用來限制時間的道具。	遊戲中用來決定誰來執行動作，通常由最先按到鈴的優先。
例子	《On The Go》進階規則裡，用來限制答題時間的道具。	《德國心臟病》裡，用來判定先後的道具。

　　初學的設計者須了解，桌遊的配件並非越多類別越好，而是要根據遊戲的主題特色、遊戲機制流暢性來做最好的規劃。此外，以實務的角度而言，桌遊的配件選擇直接與未來桌遊產品的生產成本息息相關，也會影響到桌遊的盒裝大小、售價、質感與可攜帶性。因此，遊戲設計者往往對於配件的選擇非常重視，即便是同一類的配件，如卡片，也有不同材質的紙張。讀者不妨可以花時間，到學校圖書館或桌遊店體驗更多桌遊，來比較各種不同類型與材質的配件，讓您對於設計自己的新遊戲時有更多配件選擇的靈感。接下來，讓我們來看看規則書的寫法。

> 原來，桌遊的配件有那麼多種，我的桌遊應該用哪些配件呢？

「人力仲介高手」玩法規則書

⭐ **學習目標**：玩家可以指出不同職業所需要的各種人格特質。

⭐ **遊戲目標**：玩家扮演仲介者，在人物卡與職業卡的互動機制中成功預測職業的各種人格性向。

⭐ **遊戲任務**：各位都是 118 人力銀行各區頂尖的仲介實習專員，總公司正舉辦一個對於各種職業類別與人格特質的判斷配對大賽，分數最高的專員將可得到最優渥的待遇！

⭐ **使用配件**：職業卡、人物卡、分數標記。

⭐ **遊戲時間**：5 分鐘。

⭐ **遊戲人數**：2～4 人。

遊戲準備

1. 將所有職業卡洗勻，正面朝上放在一旁做為牌庫。

2. 每人拿一副不同性格的 6 張人物卡（在此玩法中，每人手牌中的 6 張人物卡片須為不同的 6 種性格各一張）及 3 分的分數標記。

3. 從牌庫抽 1 張職業卡，正面朝上展示給所有玩家。

遊戲進行

玩家們每回合依照下列步驟行動。

Step 1 遊戲中，玩家將採用人物卡的 6 種不同人格特質來與職業卡配對。看看手中的卡片，哪些人適合這項職業？

（玩家可翻面觀看各個人物人格特質說明來做判斷）

Step 2 每位玩家同時從手牌中，背面朝上打出最少 1 張最多 3 張人物卡，並在每張人物卡分別押注分數標記，每張最少押注 1 分，總合最多 3 分，下圖為兩種可能的押注情形。

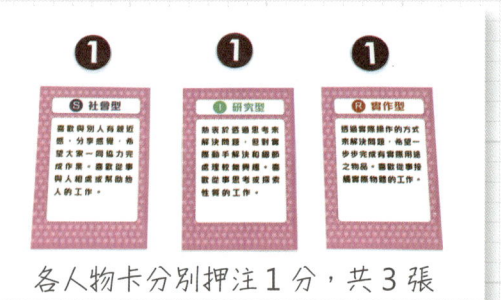

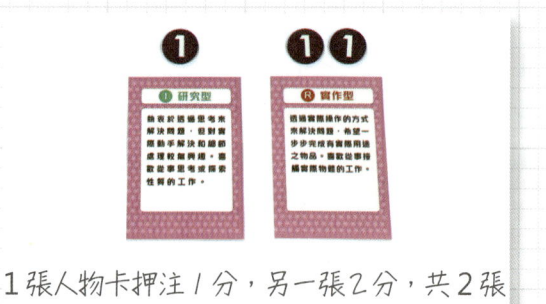

各人物卡分別押注 1 分，共 3 張　　　1 張人物卡押注 1 分，另一張 2 分，共 2 張

Step 3 所有玩家都決定好之後或兩分鐘時間限制已到，將職業卡翻面核對玩家押注的人物卡是否正確。

Step 4 符合的人物卡可獲得押注一倍的分數，符合紅色類別的可獲得兩倍的分數。如下圖：左側實作型正確獲得 1 分、中間事務型錯誤失去 1 分、右側研究型符合紅色的類別獲得 2 分。因此總共在此回合可以得到 2 分。

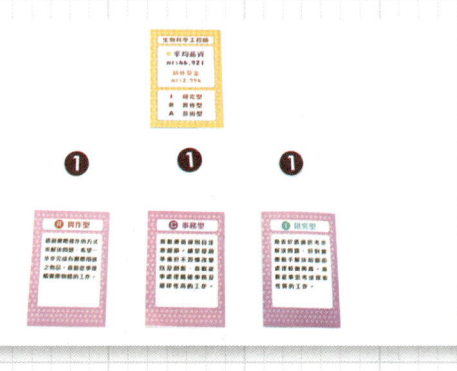

Step 5 該回合結束後，將該職業卡移出遊戲，再從牌庫抽 1 張職業卡放置桌上，開始新回合。

遊戲結束

重複進行 5 回合後遊戲結束，由分數最多的玩家獲勝。

一個桌遊的規則書通常至少分為三個部分才能較完整的讓玩家可以自行理解並進行遊戲，以下分別說明：

❶ 遊戲準備

這部分包含遊戲開始前的各種配件的處理與擺置，可能包含選取多少數量的配件、桌面上各種配件擺置的相對位置、起始的手牌與牌庫等。須盡可能的明確以方便玩家來依循。以上述「人力仲介高手」遊戲為例，是一個較為典型的手牌管理與押注的整合機制，因此主要的配件選擇卡片與分數標記。包含一個起始的牌庫，以及各家的起始手牌組成，這個遊戲中，由於玩家每人起始手牌中的 6 張卡片須各為不同的 6 種性格各一張，起始的手牌組成較為特殊，因此這部分，需要特別在遊戲準備的部分進行說明。

❷ 遊戲進行

將遊戲進行後的規則詳細說明，包含各回合玩家可選擇的動作、每個動作的進行與進行後可能的計分、對於玩家資源的影響與遊戲事件的判定等。若並非如上述案例，玩家可同時進行動作，而玩家輪流進行動作時，則須說明如何決定起始玩家。這些細節都必須在「遊戲進行」這個部分說明。關於較為複雜的規則，建議要有相對應的圖片進行說明。甚至，在較為複雜的一些遊戲中，會為每個玩家準備一張簡要的「遊戲規則步驟提示卡」，上面列出遊戲的大步驟名稱，以避免玩家在遊戲中遺忘或忽略了可以進行的動作。

❸ 遊戲結束

此部分須說明在哪種條件下遊戲會結束，以及結束後如何判定勝負或計分。結束的方式可以是一定的回合數、一段絕對的時間後停止遊戲，或是達到特定的事件，例如某位玩家佔領了五個碉堡後。遊戲的計分與勝負判定須符合公平性與合理性。

上述的說明可以讓您對於規則書的組成與撰寫有基本的了解，建議您可以體驗更多的桌遊，閱讀其規則書並參考其寫作方式，開始構思您自己的遊戲規則書。

練功關卡 4 遊戲的初步構思

體驗與評量活動：

開始構思自己的遊戲：

請開始構思自己或小組想要完成的知識主題遊戲的主題、遊戲機制、規則滿足哪些遊戲元素，並填入下表中，這個表格是初步構思的表格，第 5 章時會有更完整的設計表格。

遊戲名稱：		
遊戲知識主題		
遊戲主要運用的機制 （請參考遊戲機制列表中的其中幾種或自創）		
遊戲主要運用的互動模式 （請參考玩家互動模式列表中的其中幾種）		
遊戲配件說明	（參考前述範例撰寫）	
遊戲規則書	（參考前述範例撰寫）	
遊戲元素檢核		
遊戲特質要素	對應到遊戲的哪些規則？	這些規則為何可以達到這個要素？
自由度與控制感		
不確定性與新奇感		
成就感		

Chapter 4 知識主題遊戲的認知設計

本章為本教材的精華！如何利用玩家的認知歷程原理，來設計可以讓玩家對於知識主題的深刻理解與印象呢？本章將介紹配對、組合、排序等三種最基本的桌遊認知機制，讓您的桌遊更有玩中學的效果！

遊戲中的認知歷程

為了讓玩家不只是玩，還能夠專注與理解遊戲中的某個知識主題，我們需要了解玩家在遊戲中思考與決策的過程，才能讓他們在遊戲中同時對知識進行學習。人類的認知思考過程，通常是屬於**認知心理學（Cognitive psychology）**的研究範圍。若能夠深入了解人類的思考特徵與限制，就能有助於設計讓玩家能夠在遊戲機制下進行知識探索的遊戲。通常，與桌遊設計有關的幾個認知歷程有：

① 注意力（Attention）

遊戲需要讓玩家產生專注力，玩家才會投入這個遊戲的情境與牌卡的資訊。通常，人類的注意力是有先天限制的，因此，如果整個遊戲的規則過於複雜、一張卡片上的資訊過多，或是遊戲進行時整個遊戲圖板、卡片、配件的擺設導致訊息龐大或是缺乏系統性與導引提示，都可能影響玩家無法同時專注於遊戲的進行與對主題知識的理解。另一方面，若遊戲機制設計不當，例如玩家的回合動作過於複雜，導致某一玩家可能需要長時間等待另一玩家的動作時，玩家也可能因為等候而失去專注力，因此降低遊戲的樂趣與對知識探索的動力。

> **參考設計要領**
>
> 如上述，許多的情形可能會影響玩家的專注力。所以，設計知識主題遊戲時，要格外留意人類在腦部的注意力的限制，在遊戲的機制中避免過於複雜的介面與回合動作，並引導每位玩家在遊戲的每個階段（無論是否剛好是該玩家的回合），均能有較專注的核心區域（例如場上的哪一個區域或是手牌中的特定類別牌卡），而這個核心區域，建議能夠與知識主題的內容與體驗有關。如此一來，便有可能同時達到遊戲的動機持續與知識的學習與理解。

② 記憶提取與認知思考

人類在感官接受到一個新訊息時（例如看到一張新牌卡的圖片或內容），在具備專注力的情形下進入短期記憶（Short-term Memory），然後經由一連串的認知處理，進入長期記憶（Long-term Memory）中。當人們在面對新的訊息時，也會到長期記憶中提取相關的資訊來對照並進行思考與學習。這個過程中，可將新的訊息累加至舊的記憶。這樣的認知思考與學習的歷程中，若有好的引導輔助與訊息呈現，將更有助於記憶與思考。

參考設計要領

為了幫助玩家更深入思考與學習主題知識，前文提到的引導輔助與訊息呈現剛好可以派上用場，在學習理論中，稱這些幫助人們思考的引導與提示為鷹架（Scaffolding），就像是蓋房子時需要的鷹架一般，人們在學習時也需要適時的引導與輔助。我們可以將一些幫助玩家探索遊戲的提示或引導（例如解謎的線索），設計在特定的牌卡中，如此一來，便會增加玩家思考的機會與動機，進而投入遊戲的探索中。（例如《118人力銀行》的第一個玩法中，職業牌卡中的介紹文字就是可以讓玩家思考該職業特色並作為配對至特定人格性向特質的線索）。

在訊息呈現的設計上，若能同時有圖片與文字，將更有助於玩家的理解並加深印象，這個理論稱為雙碼理論（Duel code）。因此，在牌卡或圖板上呈現資訊時，為了讓玩家更深入地記憶、理解與思考，可以考慮將標題文字旁邊加上圖文相符的圖片。這樣的設計，可以加深玩家對於卡片資訊的印象，節省記憶回溯的時間，更有助於遊戲的進行。

③ 後設認知（Meta-cognition）

人類對於自己如何思考的認知，稱為後設認知，也就是對於自己如何思考的反思、規劃與監控的能力。這一類的能力是人類非常重要的能力，對於如何規劃自己的學習、工作與調整自己的生活計畫扮演著關鍵的角色。這類能力更是經常被運用於桌上遊戲中，特別是玩家在遊戲中常會不時反思自己的遊戲行為，調整遊戲策略，以規劃更有利的策略來贏得遊戲。

參考設計要領

由於不同遊戲策略的運用是遊戲活動十分吸引人的一部分，因此，建議設計者能夠讓遊戲的目標不會只有一種策略可以達到目的。也就是說，讓玩家能擁有使用不同策略組合的機會來達到更好的遊戲結果，這樣的設計，可以引發玩家的後設認知，在每次遊戲結束之後，都會想要挑戰更高階與不同的策略，取得更高的得分或嘗試進入不同的遊戲結局。

在了解上述認知歷程的要點之後，如何才能讓桌遊的設計整合遊戲元素與認知歷程呢？我們會介紹如何設定遊戲目標與學習目標，並介紹三個運用第 3 章提到的桌遊基本**遊戲機制**與認知原理整合而產生的基本桌遊**認知機制**─**配對機制**、**排序機制**以及**組合機制**，搭配《118 人力銀行》教具包中的三種玩法，讓知識型桌遊設計初學者可以更了解遊戲的認知設計。

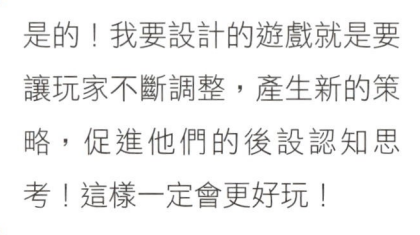

> 是的！我要設計的遊戲就是要讓玩家不斷調整，產生新的策略，促進他們的後設認知思考！這樣一定會更好玩！

遊戲的目標與知識主題的連結

知識主題桌遊中，知識主題的體驗與探索，必須設定一些明確的學習目標，而不僅只是在腦中形成構想，應該具體列出知識主題的學習目標，舉例如下。

學習目標：玩家可以從遊戲中體驗並了解清領時期客家農村的經濟活動與生活情境。

當有了這個學習目標之後，設計者可以設定相對應的遊戲任務目標，來完成這個學習目標，例如：

遊戲目標：玩家扮演清領時期臺灣苗栗之農家、地主與商賈，運用行動牌卡與產業標記物，在苗栗古地圖的圖板上進行經濟交易與產業版圖擴張。

有了這樣相對應且明確的學習目標與遊戲目標之後，設計者將會更容易在設計中時時注意是否能夠連結知識探索與遊戲機制，成為成熟且專業的知識主題桌遊。總之，成功的知識主題桌遊設計，應能滿足以下的條件：

> **遊戲目標 = 學習目標 + 核心樂趣體驗**

換句話說，設計者須確保學習目標可以在所設定之遊戲目標下的遊戲機制中達到，而且，還可以同時達到核心的遊戲樂趣體驗，包含滿足上一章提到的遊戲三大重要元素：**自由度與控制感**、**不確定性與新奇感**以及**成就感**。

知識主題桌遊認知機制─配對機制

在了解認知歷程與設定學習目標後，如何設計桌上遊戲來滿足學習目標的認知機制呢？首先介紹常被運用以加深玩家理解、記憶與分析能力的「配對機制」。請玩家先回顧並閱讀一次《118人力銀行》這個桌遊的遊戲配件說明與第一個玩法「人力仲介高手」的規則書。

「人力仲介高手」玩法規則書

⭐ **學習目標**：玩家可以指出不同職業所需要的各種人格特質。

⭐ **遊戲目標**：玩家扮演仲介者，在人物卡與職業卡的互動機制中成功預測職業的各種人格性向。

⭐ **遊戲任務**：各位都是 118 人力銀行各區頂尖的仲介實習專員，總公司正舉辦一個對於各種職業類別與應徵者人格特質的判斷配對大賽，分數最高的專員將可得到最優渥的待遇！

⭐ **使用配件**：職業卡、人物卡、分數標記。

⭐ **遊戲時間**：5 分鐘。

⭐ **遊戲人數**：2～4 人。

遊戲準備

1. 將所有職業卡洗勻，正面朝上放在一旁做為牌庫。

2. 每人拿一副不同性格的 6 張人物卡（在此玩法中，每人手牌中的 6 張人物卡片須為不同的 6 種性格各一張）及 3 分的分數標記。

3. 從牌庫抽 1 張職業卡正面朝上，展示給所有玩家。

遊戲進行

玩家們每回合依照下列步驟行動。

Step 1 遊戲中，玩家將採用人物卡的 6 種不同人格特質來與職業卡配對。看看手上的卡片，哪些人適合這項職業。

（玩家可翻面觀看各個人物的人格特質說明來做判斷）

Step 2 每位玩家同時從手牌中，背面朝上打出最少 1 張最多 3 張人物卡，並在每張人物卡分別押注分數標記，每張最少押注 1 分，總合最多 3 分。

Step 3 所有玩家都決定好之後或兩分鐘時間限制已到，將職業卡翻面，核對玩家押注的人物卡是否正確。

Step 4 符合應徵人格特質的人物卡可獲得押注一倍的分數，符合紅色類別的可獲得兩倍的分數。

Step 5 該回合結束後，將該職業卡移出遊戲，再從牌庫抽 1 張職業卡放置桌上，開始新回合。

遊戲結束

重複進行 5 回合後遊戲結束，由分數最多的玩家獲勝。

練功關卡 5 配對機制的分析

繼續看下去之前先想想看：

1. 體驗一次此遊戲，思考上面的規則中，配對出現在哪個動作？
2. 這個配對的規則對於達到學習目標有哪些幫助？
3. 為何加上押注的規則？對於認知歷程與遊戲樂趣有何幫助？

我們可以發現，這個機制中，主要是運用**手牌管理**遊戲機制。而在認知機制部分採用**配對機制**。在此遊戲中，配對機制出現在：玩家必須配對「特定職業」卡與「**人物性格類別**」卡，而且是「一對多的配對」，也就是說，一個職業可以涵蓋多種合適的性格，而玩家的配對越精確，就可以得到越高的分數。

正確的配對即意指對於不同職業的適配性格達到了正確的認知，玩家為了贏得遊戲，會對於各種職業的特徵與手中手牌的性格類別進行思考。玩家可以經由此機制，在各個認知向度上達到以下幾項對於學習的幫助：

① 專注力

有助於提升玩家對**職業卡**與**人物卡**的專注力，玩家會對這兩種卡片上的內容資訊有一定程度的專注力，並思考其中可能的線索與關連。

② 認知思考與記憶提取

有助於玩家對職業與性格間的關連進行認知思考與記憶提取，若為還不曾配對過的職業，玩家會進行推敲思考，並與生活經驗中該職業的角色與工作內容作比對、分析，思考哪種性格的特質最適合。最後再依據信心給予不同等級的押注。而職業卡中紅色標記的性格類別為最關鍵的類別，配對正確會得到雙倍的點數。這個機制也促使玩家不僅會思考組成的類別，也會進一步更深入思考哪個類別最為關鍵。當玩家不只玩一次時，只要遇到已經配對過的職業，便可以累積經驗，隨之提取記憶進行配對，達到精熟學習的效果。

③ 後設認知

有助於玩家對配對思考達到更高的後設認知能力，若是已經進行不只一回合時，玩家將可能藉由觀察、嘗試與反思，調整自己的配對策略，以達到更有效率且正確的學習。例如玩家可以有效快速的自行歸納許多職業特性到一些子類別，當發現相近的職業都有特定的性格類別時，就會在腦中紀錄這些關鍵的配對。未來對於新職業的配對就會更有敏銳度與正確性。

另外，加入押注的機制，不僅如上述，會促進玩家更進一步思考哪個類別最為關鍵。還有助於因為「自行選擇哪個類別比較重要」以及「與他人不同的押注」而產生較高的「控制感」與「不確定性」。當翻面核對答案揭曉的時候，因為已經累積了本身的思考與期待，若答對了，會有高度的「成就感」，若有差異，則會有強烈的「新奇感」。而上述的**控制感、不確定性、新奇感與成就感**，正是在第 3 章中所提到遊戲的重要元素，有助於讓玩家累積更高的樂趣。

特別值得一提的是，若玩家的押注結果不如預期時所產生的強烈「新奇感」，在認知心理學上稱為**認知衝突**，也就是說，結果與原先的知識與想法有差異，這樣的經驗將可能讓玩家產生更高的好奇心與繼續對這個知識探索的動機，有助於讓玩家繼續探究知識。

上面這些遊戲機制與認知機制的設計，看似簡單，但卻精巧的涵蓋許多心理學與遊戲元素的基礎。若讀者希望能夠設計一個具備知識主題的遊戲（不見得是要用在課堂教學，也可以單純只是要讓玩家更深刻地體驗並真實探究所想要傳達的主題意念時），運用本書中的許多認知機制將可以讓您更容易達到這個目標，也可以避免玩家雖然玩過了這個遊戲，但是對於您所想要傳達的主題卻缺乏更深刻了解，例如，以上述我們舉的一個例子作說明：

> 學習目標：玩家可以從遊戲中體驗並了解清領時期客家農村的經濟活動與生活情境

設計者有時候若僅只是在牌卡上加了相關的人物角色或只是在遊戲圖片或圖板上加入客家農村的情境，則僅能達到初步的讓玩家感受到美術設計或是人物背景有這樣的情境，但並不能達到每次玩過之後都會「**藉由體驗遊戲更了解**」農村經濟活動與生活情境的目標。因為缺乏適當的認知機制，部分遊戲中玩家贏得遊戲可能是由牌卡中的數字或標示直接進行遊戲，因此套用別的主題情境或美術風格也可以成為另一個遊戲。如此一來，也說明了認知設計對於創造玩家對主題知識思考與探究的樂趣扮演重要角色。

練功關卡 6　配對機制的分析：延伸篇

想想看：

1. 上述的「人力仲介高手」規則，如果您還可以修改的話，您會怎樣修改或增加規則，讓玩家更深入探究知識或得到更高的樂趣？
   （例如運用更多的配件、遊戲機制或加入更有創意的設計構想）
2. 您想要規劃的遊戲構想中，有哪些部分可以套用配對機制？

知識主題桌遊認知機制—組合機制

在接下來的這節中，我們將介紹一個新的認知機制—組合機制，在這個機制中，將舉《118人力銀行》教具包中的「獵人頭專家」玩法做例子來說明。請讀者先閱讀以下的規則書，體驗一次遊戲，並依據「練功關卡7」的問題先行思考。

「獵人頭專家」玩法規則書

⭐ **學習目標**：玩家可以指出不同徵才工作部門中所需要的各種人力需求組合。

⭐ **遊戲目標**：玩家扮演獵人頭人員，在職業卡與徵才卡的互動機制中成功預估一個工作部門或專案的職業人力組合。

⭐ **遊戲任務**：各位都是 118 人力銀行各區頂尖的獵人頭專員，目前有各家企業提出組成新部門或成立新工作專案的需求，需要各位幫忙找到該工作部門／專案目前最需要的職業人力組合，分數最高的獵人頭專員將可得到最優渥的獎金！

⭐ **使用配件**：徵才卡、職業卡。

⭐ **遊戲時間**：5 分鐘。

⭐ **遊戲人數**：3～4 人。

遊戲準備

1. 將職業卡和徵才卡分別洗混做為牌庫。

2. 每位玩家從職業卡牌庫中，隨機抽取 6 張職業卡作為起始的手牌。

3. 從徵才卡牌庫中隨機抽出 12 張徵才卡放置桌面中央。

遊戲進行

由最年長的玩家作為起始玩家，玩家每回合依照下列步驟行動。

Step 1 第一階段，每位玩家可以從起始玩家開始，選擇場上 1 張徵才卡翻看背面資訊，不要讓其他玩家看到，查看自己手上的職業卡是否有符合徵才卡背面的職業，看完後放回原位置。

Step 2 第二階段，當所有玩家輪流第一階段行動後，由起始玩家開始，若玩家手中的職業卡，剛好有 3 張符合徵才卡背面的職業，就可以打出 3 張卡片，組合完成徵才卡，將該徵才卡收回作為得分，並將組合的職業卡放入棄牌堆，再從牌庫抽 3 張職業卡並在中央補充 1 張徵才卡。若沒有組合成功，則將徵才卡放回中央。

Step 3 當所有玩家完成第二階段，所有玩家選擇手中 3～6 張手牌交給左手邊的玩家，並把從右手邊玩家傳來的加入手牌。

Step 4 若傳完手牌並收到從右邊玩家傳來的牌後，手牌數量多於 6 張，便將多餘的職業卡放到棄牌堆；若手牌少於 6 張，則從牌庫抽牌補到 6 張，牌庫抽完就將棄牌堆重洗做為牌庫。

Step 5 當每位玩家都棄完多餘的手牌或補充手牌到 6 張後，接著下一輪，從 Step1 開始第一階段，每位玩家輪流翻看場上的徵才卡。

遊戲結束

當有玩家組合完成 3 張徵才卡時即獲得勝利，遊戲結束。

練功關卡 7　組合機制的分析

繼續看下去之前先想想看：

1. 體驗一次此遊戲，思考上面的規則中，組合的機制出現在哪個回合動作？
2. 組合與配對的機制有何不同？對於達到學習目標有哪些幫助？
3. 為何加上「從手牌中選擇 3～6 張手牌交給左手邊的玩家」的規則？對於認知歷程與遊戲樂趣有何幫助？

　　我們可以發現，這個機制中，也是運用**手牌管理**進行遊戲。而在認知機制部分則採用**組合機制**，在此遊戲中組合機制出現在：玩家必須組合一些「特定職業」卡來達到場上 12 張「徵才」卡中的徵才需求。而這跟配對機制較不相同的是「配對機制」只需要配對某個項目屬於某種類別即可達到配對目的（例如「人力仲介高手」玩法中，只要有一張人物卡配對成功便可以得到相對的分數）。而「組合機制」則強調要某一些特定項目的組合元素都達到收集才能得分。例如在這個玩法中，完全吻合該徵才卡的職業需求組合才能得分，組合的難度相對可能較配對高，且需要更深入的思考。

　　這樣的機制將促使玩家就工作徵才情境來思考其中可能的跨領域職業人力組合的各種可能性，進而對於不同工作場域的跨領域人才需求組合有更多的認知，玩家為了贏得遊戲，會對手牌中各種職業的特徵與場上各種徵才卡的工作需求進行思考。玩家可以經由此機制，在各個認知向度上達到以下幾項對於學習的幫助：

❶ 專注力

　　有助於提升對**職業卡**與**徵才卡**的專注力，玩家會對這兩種卡片上的內容資訊有一定程度的專注力，並思考其中可能的線索與關連。且由於場上徵才卡較多，有較多的組合機會，因此玩家會在場上專注持續找尋各種組合機會（然而場上的卡片也不建議過多，以免造成過大的認知負荷）。

② 認知思考與記憶提取

有助於對職業與徵才需求間的關聯進行認知思考與記憶提取，若為還不曾組合過的職業，玩家會進行推敲思考，並與生活經驗中該徵才工作的工作內容與各種職業特色作比對、分析，思考哪幾種職業人力最適合組合完成這樣的工作。當玩家要組合完成徵才需求，需要經過較全面的思考。當玩家第一次便達到正確的組合時會得到相對較高的成就感，而當嘗試到錯誤的組合時，會因為得到正確的組合答案，而更有助於反思理解並記憶正確的需求，產生更深的印象。

③ 後設認知

有助於對組合的思考達到更高的後設認知能力，若是已經進行不只一回合時，玩家將可能藉由觀察、嘗試與反思，調整自己的組合策略，以達到更有效率且正確的學習。此外，由於有「從手牌中選擇 3～6 張手牌交給左手邊的玩家」的規則，因此玩家需要專注於思考如何根據場面現況、已經得到的資訊，與手牌現況來擬訂手牌規劃管理的策略，並捨棄特定的手牌、保留對自己有利的手牌。這樣的反思與動態的策略思考過程，將有助於玩家累積後設認知的能力。

由於這個玩法，加入了「自行選擇捨棄牌卡」與「嘗試錯誤後揭露部分祕密給部分玩家」的機制，因此整個遊戲中的「不確定性」相對也較高，增加許多的樂趣。玩家可能「不得不捨去」或「故意捨去」一些牌卡，或是無法預測其他玩家會捨棄給自己的牌卡，及未來場面上徵才卡的變化。而在這個認知機制中，玩家也有機會不斷的藉由觀察、推測其他玩家的特定動作與結果，來得到更多的線索與資訊。這個部分可以減低玩家在回合中因為等待其他玩家的動作而感到無聊或分心的設計。因為玩家必須趁著其他玩家動作時進行觀察、推論，並構思下一步的動作。

練功關卡 8　組合機制的分析：延伸篇

想想看：

1. 上述的「獵人頭專家」規則，如果您還可以修改的話，您會怎樣修改或增加規則，讓玩家更深入探究知識或得到更多的樂趣？
   （例如：運用更多的遊戲機制、配件或加入更有創意的設計構想）

2. 您想要規劃的遊戲構想中，有哪些部分可以套用組合機制？

知識主題桌遊認知機制—排序機制

在這一節，我們將介紹一個新的認知機制—排序機制，在這個機制中，將舉《118人力銀行》桌遊中的「**薪資精算師**」玩法做例子來說明。請讀者先閱讀以下的規則書，體驗一次遊戲，並依據「練功關卡 9」的問題先行思考。

「薪資精算師」玩法規則書

⭐ 學習目標：玩家可以比較不同職業專業人士的起薪差異。

⭐ 遊戲目標：玩家扮演薪資精算師，進行職業卡的排序任務，達到正確的薪資差異排列。

⭐ 遊戲任務：各位都是 118 人力銀行各區頂尖的薪資精算師，可以精準地預估各種職業人力的起始薪資。薪資精算高手們將參與一年一度「人資盃薪資預估大賽」，分數最高的專員將可得到最優渥的獎金！

⭐ 使用配件：職業卡、分數標記。

⭐ 遊戲時間：5 分鐘。

⭐ 遊戲人數：2～4 人。

遊戲準備

1. 將所有職業卡洗勻，正面朝上成一疊牌庫，起始時發給每位玩家 3 張職業卡，玩家在遊戲過程中不可翻面。

2. 另外將 1 張職業卡背面朝上放在桌面中央，作為第一回合的「基準卡」。

3. 所有人拿取 1 個分數標記做預備。

遊戲進行

玩家每回合依照下列步驟行動。

Step 1 每位玩家同時可以排列手中 3 張職業卡與基準卡的薪水高低（從左到右排列，左低右高），在牌列中用 1 個分數標記來當作基準卡在這三張職業卡中共同排序時的排序位置，放置在場中央的基準卡不移動。

Step 2 排序時間兩分鐘，所有人在時間內須完成排列，排序後，由左到右逐一翻面檢核排列是否正確，排列的職業卡薪資必須比前一張職業卡薪資大並且比後一張小，若正確 1 張得 2 分，錯誤 1 張倒扣 1 分。若扣分過多，扣到該位玩家剩最後 1 個分數標記為止。

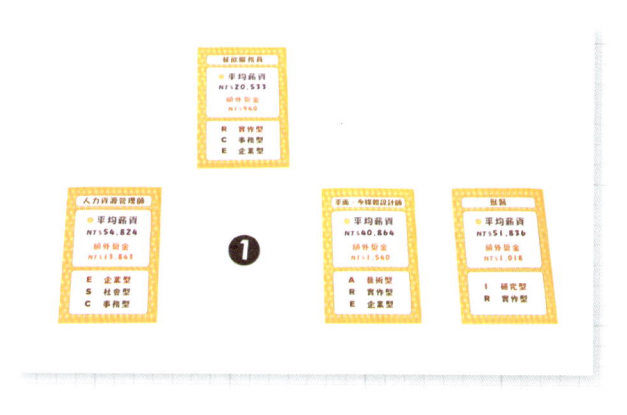

> 註 如上方右圖：分數標記表示基準卡排序的位置，左側職業卡薪資大於比較卡，排序錯誤扣 1 分，右側兩張牌排序皆正確獲得 4 分，因此總共可得 3 分。

Step 3 一回合排序核對後，將全部玩家的職業卡捨棄掉，玩家再輪流抽取 3 張職業卡。

Step 4 再抽取 1 張新的職業卡放置在場中作為「基準卡」，開始新回合。

遊戲結束

進行 3 回合後，由分數最多的玩家獲勝。

練功關卡 9　排序機制的分析

繼續看下去之前先想想看：

1. 體驗一次此遊戲，思考上面的規則中，排序的機制對於達到學習目標有哪些幫助？
2. 排序機制相較於配對、組合機制，其玩家不確定性的型態有何差異？

　　在這個玩法中，排序機制出現在：玩家必須依據手中的職業卡與場上的基準卡的薪資做比較進行排序。這個動作其實便需要玩家不僅對各種職業的薪資進行推測，甚至還需互相比較。排序跟先前的分類配對或是組合成套的認知思考不同，著重於深入的就某種可以量化的特質或有先後順序的步驟等進行排列。這一類的教育遊戲還可以參考《走過臺灣》這款遊戲，在《走過臺灣》中，需要針對臺灣的歷史事件卡依照發生的年代進行排序，且充分運用排序的規則發展出多種的玩法。這樣的機制將促使玩家不僅得就各種職業的工作性質進行思考，還要推測可能的起薪標準，並進一步比較各個不同職業間的薪資，具備一定程度的思考與推論的挑戰。玩家可以經由此機制，在各個認知向度上達到以下幾項對於學習的幫助：

❶ 專注力

　　有助於對手中**數張職業卡**與**場上基準卡**的專注力，會對這兩類卡片上的內容資訊有一定程度的專注力，並思考其中可能的線索與關連，尤其是基準卡上的職業與其薪資已經揭露，有助於玩家持續來回比較，卡片的視覺注意力更加集中。

❷ 認知思考與記憶提取

　　有助於對**職業卡**間的特質比較進行認知思考與記憶提取，若為還不曾比較過的職業，玩家會進行推敲思考，並與生活經驗中各種職業特色作比對、分析，思考哪幾種職業薪資起始點最高。由於每一次拿到的職業卡不同，基準卡也不同，因此玩家每次比較的卡片都會給玩家有一定程度的新奇感與不確定性，且思考、提取已經記住的薪資時會隨著每次的即時檢核而不斷驗證、產生可能的共通性，並產生更深的印象。

③ 後設認知

有助於對排序的思考達到更高的後設認知能力，若是已進行不只一回合時，玩家將可能藉由有效率地觀察、嘗試與反思，調整自己的排序策略，以達到更有效率且正確的學習。因為排序時間有限，因此玩家在每一次的排序時需要進行時間的規劃與管控，並同時考量已知的線索與推估未知的職業薪資，因此在促進規劃與反思能力上應會有所幫助。

練功關卡 10　排序機制的分析：延伸篇

想想看：

1. 上述的「薪資精算師」規則，如果您還可以修改的話，您會怎樣修改或增加規則，讓玩家更深入探究知識或得到更多的樂趣？
   （例如：運用更多的遊戲機制、配件或加入更有創意的設計構想）
2. 您想要規劃的遊戲構想中，有哪些部分可以套用排序機制？

經由上面的三種認知機制的介紹，讀者大致上可以了解這三個機制如何與卡片類桌遊中最常見的「**手牌管理**」遊戲機制結合，且達到讓玩家探索與思考知識主題的學習目的與遊戲目的，同時又可兼顧遊戲的樂趣。到了這個階段，我們應該可以將本章「練功關卡 11」的**遊戲概念構思表**進行認知設計的補充了。當完整的遊戲概念構思單完成之後，我們在第 5 章會繼續說明如何開始規劃您的遊戲製作與測試時的注意事項。

> 我已經迫不及待要把我的遊戲加入認知機制了！你也一起來吧！

練功關卡 11　完成初步遊戲概念構思表

構思自己遊戲的概念與認知設計：

完成您的初步遊戲概念構思表！

請依據第 3 章中構思自己或小組想要完成的知識主題遊戲為基礎，再針對第 4 章中的認知機制進行設計與規劃，您也可以在此階段重新調整原先訂定的主題、遊戲機制與規則。這個表格是關於遊戲概念構思的表格，在後續的第 5 章中會有更完整的設計表格與進度規劃。

遊戲概念構思表（包含認知機制）

遊戲名稱：		
遊戲知識主題	知識主題： 遊戲目標： 學習目標：	
遊戲主要運用的機制 （請參考遊戲機制列表中的其中幾種或自創）		
遊戲主要運用的互動模式 （請參考玩家互動模式列表中的其中幾種）		
遊戲配件說明	（參考上述範例撰寫）	
遊戲規則書	運用到哪些認知機制？（可複選） ☐ 配對　　☐ 組合　　☐ 排序 ☐ 其他自編＿＿＿＿＿＿＿＿＿＿ 遊戲準備： 遊戲進行： 遊戲結束：	

完成初步遊戲概念構思表（續）

遊戲元素檢核

遊戲名稱：		
遊戲特質要素	對應到遊戲的哪些規則？	這些規則為何可以達到這個要素？
自由度與控制感		
不確定性與新奇感		
成就感		

認知元素檢核

遊戲名稱：		
認知設計要素	對應到遊戲的哪些規則？	這些規則為何可以達到這個要素？
專注力		
記憶提取與認知思考		
後設認知		

★填表注意事項：

上述這個表，完整的涵蓋了遊戲的遊戲機制與認知機制。建議填表時注意以下事項：

- 根據遊戲的元素來調整您的認知機制的遊戲規則，避免只有認知機制而缺乏遊戲性，導致遊戲不好玩。
- 建議可以組合三種認知機制的其中兩種，或自編自己的認知機制，讓遊戲更有創新性！
- 在設計第一個遊戲時，不要急於將遊戲設計的過於複雜，以至於無法好好的分析與評估各種機制的特色，導致過於混亂難以整合或設計、測試、配件的成本過高。

盡量避免設計成抽卡回答選擇題的方式，因為一來過於類似考試的情境，玩家動機有限。二來，也容易出現無法真的在遊戲中體驗知識情境而只是回答問題，印象無法深刻。

知識主題桌遊製作與測試

Chapter 5

　　本章我們將會開始製作遊戲,並進行遊戲的測試。本章會回顧統整,並提點前面各章的重點,接下來說明如何規劃時程與進行測試,並舉一個實際的例子說明如何將上述的三種認知機制加以整合與變化,形成一個同時有多種認知機制的遊戲。期待在本章中,您的遊戲也已經有了初步的雛形,可以跟朋友們進行分享與同樂了!

設計兩大原則─好玩又學到

知識型桌遊的核心設計原則，就是能夠讓玩家「**玩中學**」，也就是既能「**好玩**」，又能夠「**學到**」。整個架構我們幫您複習一遍，如下圖。

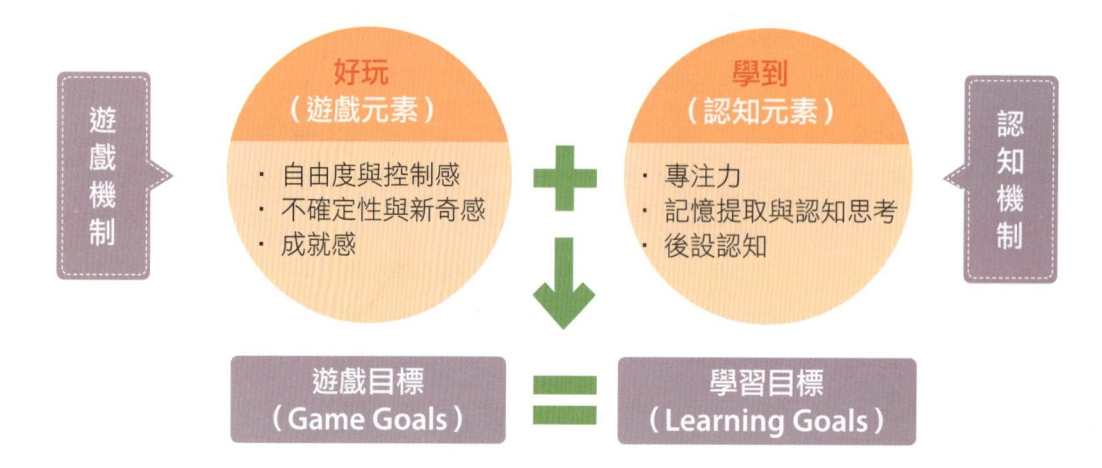

```
遊戲機制 →   好玩            +    學到          ← 認知機制
           （遊戲元素）          （認知元素）
           ・自由度與控制感      ・專注力
           ・不確定性與新奇感    ・記憶提取與認知思考
           ・成就感              ・後設認知
                    ↓      ↕      ↓
           遊戲目標        =      學習目標
          （Game Goals）        （Learning Goals）
```

還記得先前提過遊戲需要有哪些元素促進好玩嗎？沒錯！就是盡可能地滿足第 3 章所提到的**三個遊戲的重要元素**，且運用第 3 章所介紹的許多**遊戲機制**（例如手牌管理、擲骰等）來達到這個目的。而哪個機制能促進遊戲達到「**學到**」呢？就是第 4 章所介紹的**三個認知元素**，且運用第 4 章介紹的**三個基本的認知機制（配對、組合、排序）**來達到。當這樣的架構達到適當的設計時，就會達到圖中下方最重要的目標，亦即：

> **遊戲目標 = 學習目標**

這個設計架構可以兼顧好玩的樂趣與認知的學習。您在設計自己的知識型桌遊時，可以時時回顧這個核心架構，因為這個架構同時考慮認知心理學的原理與遊戲的理論，幫助您的設計更有學理依據，也更能夠面面俱到。

整合認知機制與遊戲機制的範例

在先前第 4 章所介紹的三種認知機制中，每種機制都僅是獨立在一個範例當中。但是，若讀者已經確實認真完成了前面 11 個練功任務，您也許會期待在您的遊戲中，整合這三種認知機制中的**兩個以上機制在一個遊戲**中，成為更有樂趣或更深度學習的體驗，這樣的整合應該如何做呢？在這個小節，我們示範一個整合第 4 章中的三種認知機制的一個整合玩法，這個範例就是「**118 人力仲介公司**」的**標準玩法**，將幫助您思考一個整合多種認知機制與遊戲機制的設計要領。請先閱讀以下的規則書：

「118 人力仲介公司」玩法規則書

★ **學習目標**：玩家可以指出適合各種職業的性格特質、了解各種職業的薪資，並能配對各種徵才部門可能合適的職業類別。

★ **遊戲目標**：玩家扮演人力仲介專員，進行職業卡、人物卡與徵才卡的配對、組合與排序任務，達到最恰當的職業仲介績效。

★ **遊戲任務**：各位都是 118 人力銀行各區頂尖的人力專員，各位在經過實習訓練後，公司目前開始分派第一批任務給大家，玩家們需要合作完成各種輔導培訓、徵才媒合與薪資預估等工作，分數最高的專員將可得到最優渥的績效獎金！

★ **使用配件**：全部配件。

★ **遊戲時間**：15～30 分鐘。

★ **遊戲人數**：2～4 人。

遊戲準備

1. 將職業卡、徵才卡和人物卡分別洗勻成為牌庫。

2. 每人分發 4 張人物卡作為手牌、3 個分數標記作為資金。人物卡代表來找您安排人力培訓課程並進行仲介的求職者。

3. 抽出 5 張徵才卡，正面朝上放置在桌面中央，代表現在各大公司開出有需求的部門或專案，需要人力銀行仲介員工。

4. 抽出 5 張職業卡正面朝上放在桌面中央，代表現在可以提供培訓的**各種職業培訓課程**，玩家不可隨意翻面。（如下圖）

遊戲進行

由看起來社會經歷最豐富的玩家作為起始。從起始玩家開始，依順時針輪流進行玩家回合，每位玩家在自己的回合中可從**下列三種行動中擇一執行**。

人才培訓

打出手上 1～2 張人物卡並與中央的職業卡進行配對，1 張人物卡配對 1 張職業卡，配對後直接將職業卡翻面並確認人物卡與職業中的性格特質是否相符。

- **配對相符**：表示該員**受訓成功**，成為合格的專業人士，玩家將職業卡拿回，**正面朝上放置在自己面前**，代表已經擁有完成受訓的人力（可進行徵才卡的媒合）。然後，把配對的人物卡放入棄牌堆，中央再補充 1 張新的職業卡在場上作為新的課程，並且重新抽取 1 張人物卡，若人物卡抽完就將棄牌堆重新洗牌做為牌庫。

- **配對不符**：將人物卡收回手中，職業卡放入棄牌堆，中央再補充 1 張新的職業卡作為新的課程。

徵才媒合

選擇 1～2 張徵才卡並媒合手中的職業人才，其餘玩家可以提供 1～2 張職業卡協助該玩家徵才，有出牌的此局參與者可以同時討論徵才卡所需的職業組合為何，並由發起人最後選擇 3 張職業卡，其中至少 1 張必須是發起人自己的職業卡。接著，由發起人將徵才卡翻面，核對徵才卡的職業需求與這 3 張職業卡是否完全一致。若一致則徵才成功。

- **徵才成功**：提供職業卡的玩家，每張職業卡獲得 2 資金，發起人額外獲得 1 資金。並由發起與參與者共同合作，將這幾張職業卡薪資行情進行排序，排序後，將這 3 張職業卡翻面，確認排序是否正確，如果正確每人可額外獲得 1 資金。排序後，將配對的職業卡與徵才卡放入棄牌堆，並抽取 1 張新的徵才卡放置中央。

- **徵才失敗**：將 3 張職業卡歸還給每個出牌的玩家，正面朝上。並將該徵才卡放入棄牌堆。

更換委託

將 1 張徵才卡放入棄牌堆，重新抽取 1 張新的徵才卡放置中央。

遊戲結束

當徵才卡或職業卡的牌庫抽完時，即為最後一輪，該回合遊戲結束，以資金最多的玩家獲得勝利。

練功關卡 12　遊戲認知機制整合分析

體驗與思考：

1. 體驗上述的「118 人力仲介公司」玩法，並思考這樣的玩法與先前只有一種認知機制的三種玩法在感受上有何差異？

2. 遊戲中有部分玩家互動方式是屬於合作進行的。這個部分會給遊戲帶來怎樣的改變？是否會增加對於主題知識的了解？

3. 如果您還可以修改的話，您會怎樣修改或增加規則，使玩家更深入探究知識或得到更多的樂趣？
   （例如：運用更多的遊戲機制、配件或加入更有創意的設計構想）

4. 這個範例對於您想要規劃的遊戲構想有何種啟發？

　　上述這個案例，同時涵蓋三個認知機制：配對、排序與組合。且不只運用了手牌管理的遊戲機制，也採用了「行動點數中的多個動作擇一」的機制。且在玩家互動方式上，在玩家徵才媒合時，是可以允許多位玩家一同合作解題與討論的。

　　上面的案例，使遊戲變得較複雜，但是也讓玩家感受到更多元的遊戲體驗感受，包含互動、思考與回饋等，而由於整合多種認知機制，有助於將知識藉由多種不同的認知機制來連結，玩家可以從這當中得到更多的線索，並從不同的角度來認知思考。然而，過於複雜的機制也需考量玩家的認知負荷與是否產生規則矛盾或是遊戲卡住的情形，設計者需要經過更多的測試來不斷調整與確認，而機制簡單也不意味就缺乏樂趣，許多成功的遊戲機制都是簡單但充滿樂趣的。

　　設計者可以考量自己的遊戲類別來進行各種機制的整合，包含遊戲機制、玩家互動型態、認知機制。當然，由於本書僅是針對初學者的教材，因此僅以常見的卡片與計分標記作為配件。您在設計時，可以思考如何運用更多的配件，甚至創新配件，創新遊戲機制與認知機制，設計出您心目中期待的遊戲。

製作步驟與時程規劃

在我們已經完成了架構的回顧與概念的構思之後，我們就要來著手規劃知識型桌遊的製作時程了。一個完整的遊戲開發過程會涵蓋**雛型構思階段**、**內容開發階段**與**測試發行階段**。下表針對整個工作架構與內容，有十分詳細的工作說明。

知識型桌遊開發工作項目步驟：

❶ 構思雛型階段

1-1 決定遊戲主題
決定遊戲的知識主題、情境脈絡，可以透過小組閱讀查找資料、觀看相關的影片、腦力激盪討論，來決定小組的遊戲主題與情境脈絡。
這當中也包含訂出前面提到的遊戲目標與學習目標。

1-2 決定遊戲互動方式
決定遊戲中玩家的互動方式（例如陣營、合作、競爭等），這部分很重要，可以先設想期待達到讓玩家體驗遊戲主題情境最合適的互動方式。

1-3 決定遊戲機制
決定遊戲主要會運用的幾個遊戲機制。可以參考第 3 章所列的各種遊戲機制，並藉由多體驗一些娛樂遊戲來得到更多遊戲機制設計的靈感，甚至自創更有樂趣的遊戲機制。完成遊戲機制的初步構想後請思考是否能滿足三個遊戲元素。

1-4 決定認知機制
決定遊戲主要的認知機制（例如配對、組合、排序或其他自創的認知機制）。並思考是否能滿足認知三大元素。

1-5 決定遊戲配件
確認上述的基本機制之後可以決定遊戲的配件種類、數量。

1-6 製作簡易雛形
依據配件的種類、數量，製作可以進行一回合遊戲的簡易雛型（不須完整的內容與圖片），用於展示或討論各種構想然後隨時可以調整修改，直到確認基本遊戲規則的共識。（此階段建議尚不須要精緻的美術設計）

1-7 決定初步遊戲規則書
完成規則書的初步版本，須依據完整的規則書正式撰寫方式，分為：配件說明、遊戲準備、遊戲進行、遊戲結束等四個部分。

② 內容開發階段

2-1 文字內容資訊撰寫
決定遊戲配件（例如牌卡、圖板、標記物）上面所有的文字資訊與內容，並進行反覆的校正。若是資訊涉及到該主題專業的領域，應該請該領域的知識內容專家來審定。

2-2 圖片內容繪製
討論出圖片的內容與數量後，即可進行美術設計。美術相關設計往往需要較多時間與成本，應及早規劃時程。此階段可以先進行初步的美術設計，待第三階段測試確認後再進行最後的美術定稿與大量套版。

2-3 配件購置或製作
依據先前的配件規劃與數量挑選、購置配件。若為市面上沒有的配件，或是希望能夠自行運用創意設計特殊的配件，則需考量時間與成本，藉由 3D 列印、雷切或是各種技術，嘗試建立自己的手工配件。

③ 測試發行階段

3-1 遊戲規則測試
將遊戲的規則完整地跟自己的開發小組成員內部測試一遍，並檢查遊戲牌卡配件數量、標示的數值、積分、事件、回合動作等是否合理，是否有矛盾、不流暢、錯誤、無法判定勝負等各種情形，並進行相對應的討論與修正。

3-2 外部實測
內部測試後，交由外部人士測試，由原先預定的目標年齡層的玩家進行實際試玩並蒐集回饋資料。這個階段的實測，可以是初階的意見回饋，也可以是嚴謹的經由專業實驗設計後的**行動研究**，以佐證說明遊戲對於知識提升的效果或是玩家的投入程度。

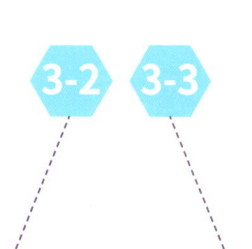

3-3 最後微調確認
針對內外部實測後再做最後的遊戲微調與確認。確認完後便完成遊戲的內容定稿。

3-4 印刷材質選定
若是遊戲期待能夠參加產品提案、競賽,或是直接生產,需在此階段評估各種配件印刷材質、設計盒裝並挑選印刷廠商。

宣傳文案與影片
若要參與募資、行銷或是參加展覽,建議能夠撰寫相關的文宣文案、錄製遊戲介紹影片與遊戲教學影片。

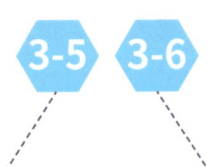

3-5 3-6

規劃並進行宣傳活動
規劃各種宣傳活動,並評估成本、行程與行銷策略。

建議讀者依據此架構的各階段與工作項目逐一進行您的知識主題桌遊設計。這個架構可以幫助初學的設計者更了解整個遊戲的開發流程,不過必須說明的是,這僅是**針對初學者設計桌遊的建議步驟**,並非專業且完整的教學桌遊產品設計流程,專業完整的桌遊設計工作較此複雜許多。

此外,關於上述 2-1 這個階段特別值得一提,知識型桌遊往往有較多的文字訊息含量,因此運用表格來進行卡牌或配件的資訊整理十分重要,建議先彙整成表格,未來在修訂或者美術製圖時較能夠同步且不會混亂。例如下表就是《118 人力銀行》中「職業卡」在設計階段時,部分表格整理的範例資訊,在這個表格中,因為將職業卡中的各個正反面資訊欄位都整理在表格中,所以較方便設計者進行參考、對照、討論與調整。而在校正資訊時,知識領域的專家也較能直接進行校對與修正。

編號	職業名稱	職業描述	平均薪資	額外獎金	適合性格類型 (V 表示高度適合 O 表示適合)						
					R	I	A	S	C	E
1	按摩師	為顧客作全身、半身經絡按摩或腳底按摩,減輕顧客身體之疲勞。	25,477	681				V	O	
2	編輯、作家	基於出版或發表之目的,為媒體出版前的製作,包括文字圖像等多媒體生成處理,製作審核、校對文字內容並進行處理與策劃。	54,516	373			V		O	O
3	採購員	代表工商業者或其他組織採購原物料、設備等商品及服務。以商業目標進行購買行為,其中包含收集信息、尋找合作夥伴以及商業談判與簽署合約等。	37,314	5,661					V	O
4	餐飲服務員	在餐廳、飯店為顧客安排訂座、入座,記錄顧客所訂菜餚、餐點與飲料,遞送餐點、餐具等。	20,533	940	V				O	O
5	測量師	從事天然地形、人為地貌等地面概況測量並繪製地圖及示意圖。土地、工程、地籍測量及地圖繪製等,讓人理解其空間上的關係,以利規劃與利用。	52,216	1,192	V				O	

編號	職業名稱	職業描述	平均薪資	額外獎金	適合性格類型 （V 表示高度適合 ○表示適合）					
					R	I	A	S	C	E
6	車輛維修人員	從事車輛機件維修、檢查、保養、試車、更換零件、調整、校準等工作。	34,682	3,566	V				○	
7	廚師	在飯店、餐廳及其他場所設計菜單、烹調餐食負責食材庫存、人員調度並且管理廚房大小事之人。	39,320	1,834	V					○
8	導演	製作或是指導電影、電視、廣播等節目，以及監督和管理舞台和設備之人。製作電影或舞台劇等，指導演員情緒、走位、分鏡、畫面構成、剪接邏輯等，將劇本構思整合呈現之主要負責人。	44,134	1,381			○			V
9	導遊	陪同及引導遊客遊覽觀光、介紹及解說景點、提供導覽資訊。	34,139	1,719				V		○
10	法務人員	在律師事務所協助法律專業人員，或在銀行、保險及公司企業處理相關法律事務。	48,937	3,311		○			V	○
11	翻譯人員	從事語言研究及書面、口頭翻譯，並確保完整傳達作品或發言者原意。	27,859	1,082			V	○		
12	工業及生產技術員	協助工業及生產工程師研究、規劃提高生產力與工作效能的相關技術。在設定的時程內，以規定的量用最高效率來生產高品質的產品，以達到企業目標。	35,584	9,883	○	V			○	
13	護理師	在醫療院所規劃、評估、提供照護病人及醫療服務。	40,272	7,839		○		V	○	
14	化工工程師	從事商業性用途化學或物理轉換作業與產品製造程序之研究、規劃、設計及指導，並督導技術人員維修、設計與操作化學工廠及設備。	53,025	11,638	○	V				
15	會計師	從事財務、成本、審計與稅務的策劃與投資分析，以及會計報表、財（稅）務報告之查核、簽證。	65,134	6,394					V	○
16	機械工程師	從事工業用機械工具及工業廠房之保養及修理等工作，確保機械、設備和系統之有效運轉與安全。從事機械產品、機械廠房與設備的設計，技術指導、機械維修、研究及操作等。	61,993	10,445	V	○			○	

練功關卡 13　遊戲設計進度規劃

構思您的遊戲的開發時程，完成您的遊戲規劃進度表：

請依據上面的表格來構思自己或小組想要完成的知識主題遊戲的開發時程。在這個階段，您應該已經將遊戲概念構思表完成（也就是上表中的 1-1～1-5），請繼續完成 1-6～3-6 的規劃。請依據您或小組的實際狀況來預估。只需要在下表中填入相關的時間與分工狀態即可。而部分的項目也可以視實際狀態來調整或合併。

知識型桌遊開發工作項目步驟：

① 構思雛型階段

| 1-1　決定遊戲主題 | 進行時間 | ___月___日～___月___日 |

決定遊戲的知識主題、情境脈絡，可以透過小組閱讀查找資料、觀看影片、腦力激盪討論，來決定小組的遊戲主題與情境脈絡。
這當中也包含訂出前面提到的遊戲目標與學習目標。

| 分工規劃 | |

| 1-2　決定遊戲互動方式 | 進行時間 | ___月___日～___月___日 |

決定遊戲中玩家的互動方式（例如陣營、合作、競爭等），這部分很重要，可以先設想期待達到讓玩家體驗遊戲主題情境最合適的互動方式。

| 分工規劃 | |

| 1-3　決定遊戲機制 | 進行時間 | ___月___日～___月___日 |

決定遊戲主要會運用的幾個遊戲機制。可以參考第 3 章所列的各種遊戲機制，並藉由多體驗一些娛樂遊戲來得到更多遊戲機制設計的靈感，甚至自創更有樂趣的遊戲機制。完成遊戲機制的初步構想後請思考是否能滿足三個遊戲元素。

| 分工規劃 | |

| 1-4　決定認知機制 | 進行時間 | ___月___日～___月___日 |

決定遊戲主要的認知機制（例如配對、組合、排序或其他自創的認知機制）。並思考是否能滿足認知三大元素。

| 分工規劃 | |

| 1-5　決定遊戲配件 | 進行時間 | ___月___日～___月___日 |

確認上述的基本機制之後可以決定遊戲的配件種類、數量。

| 分工規劃 | |

| 1-6　製作簡易雛形 | 進行時間 | ___月___日～___月___日 |

依據配件的種類、數量，製作可以進行一回合遊戲的簡易雛型（不須完整的內容與圖片），用於展示或討論各種構想然後隨時可以調整修改，直到確認基本遊戲規則的共識。（此階段建議尚不須要精緻的美術設計）

| 分工規劃 | |

| 1-7　決定初步遊戲規則書 | 進行時間 | ___月___日～___月___日 |

完成規則書的初步版本，須依據完整的規則書正式撰寫方式，分為：配件說明、遊戲準備、遊戲進行、遊戲結束等四個部分。

| 分工規劃 | |

❷ 內容開發階段

| 2-1　文字內容資訊撰寫 | 進行時間 | ___月___日～___月___日 |

決定遊戲配件（例如牌卡、圖板、標記物）上面所有的文字資訊與內容，並進行反覆的校正。若是資訊涉及到該主題專業的領域，應該請該領域的知識內容專家來審定。

| 分工規劃 | |

| 2-2　圖片內容繪製 | 進行時間 | ___月___日～___月___日 |

討論出圖片的內容與數量後，即可進行美術設計。美術相關設計往往需要較多時間與成本，應及早規劃時程。此階段可以先進行初步的美術設計，待第三階段測試確認後再進行最後的美術定稿與大量套版。

| 分工規劃 | |

| 2-3　配件購置或製作 | 進行時間 | ___月___日～___月___日 |

依據先前的配件規劃與數量挑選、購置配件。若為市面上沒有的配件，或是希望能夠自行運用創意設計特殊的配件，則需考量時間與成本，藉由 3D 列印、雷切或是各種技術，嘗試建立自己的手工配件。

| 分工規劃 | |

❸ 測試發行階段

| 3-1　遊戲規則測試 | 進行時間 | ___月___日～___月___日 |

將遊戲的規則完整地跟自己的開發小組成員內部測試一遍，並檢查遊戲牌卡配件數量、標示的數值、積分、事件、回合動作等是否合理，是否有矛盾、不流暢、錯誤、無法判定勝負等各種情形。並進行相對應的討論與修正。

| 分工規劃 | |

| 3-2　外部實測 | 進行時間 | ___月___日～___月___日 |

內部測試後，交由外部人士測試，由原先預定的目標年齡層的玩家進行實際試玩並蒐集回饋資料。這個階段的實測，可以是初階的意見回饋，也可以是嚴謹的經由專業實驗設計後的**行動研究**，以佐證說明遊戲對於知識提升的效果或是玩家的投入程度。

| 分工規劃 | |

3-3　最後微調確認　　進行時間　___月___日～___月___日

針對內外部實測後再做最後的遊戲微調與確認。確認完後便完成遊戲的內容定稿。

分工規劃

3-4　印刷材質選定　　進行時間　___月___日～___月___日

若是遊戲期待能夠參加產品提案、競賽，或是直接生產，需在此階段評估各種配件印刷材質、設計盒裝並挑選印刷廠商。

分工規劃

3-5　宣傳文案與影片　　進行時間　___月___日～___月___日

若要參與募資、行銷或是參加展覽，建議能夠撰寫相關的文宣文案、錄製遊戲介紹影片與遊戲教學影片。

分工規劃

3-6　規劃並進行宣傳活動　　進行時間　___月___日～___月___日

規劃各種宣傳活動，並評估成本、行程與行銷策略。

分工規劃

> 規劃好了！真的是面面俱到的桌遊設計專案！我一定可以成功完成設計與發表的！

遊戲測試與評估

從遊戲的雛型完成至送印之前這段期間，設計者往往需要經過多次的遊戲測試與調整。專業的遊戲測試有許多複雜的流程，在本書中，僅針對初學者的設計給予測試上的基本原則與表格，進行基本測試的參考。在了解測試評估項目之前，必須先滿足一些最基本的檢核，請參考以下的**遊戲測試前檢核表**。

練功關卡 14　遊戲測試前檢核表

根據下表完成遊戲基本元素的檢核，建議所有的項目都須打✓才進行正式測試：

檢核項目	滿足請打 ✓
已經有明確遊戲主題與目標	
遊戲規則完整	
具備認知機制	
具有測試版的完整遊戲配件	
遊戲文字內容資訊完整	

在完成上述的測試前檢核表後，接下來詳細說明正式測試的重點，知識型桌遊不僅需要實際的試玩測試，還需要針對主題、認知設計與美術進行評估。整體的測試與評估建議包含以下幾個維度：

① 主題情境

主要為評估遊戲是否有合理的主題情境，遊戲規則是否能讓玩家體驗到設計者希望傳達的主題情境，包含是否在遊戲介紹、遊戲進行時都能體驗到而不僅只是「看到美術設計上有這樣的主題」。

② 遊戲機制

遊戲機制需要經過多次的實際測試，包含前述的內部測試－即完整地跟自己的開發小組成員內部測試一遍，並檢查遊戲牌卡的配件數量、標示的數值、積分、事件、回合動作等是否合理，是否有矛盾、不流暢、錯誤、無法判定勝負等情形，以及是否滿足遊戲的重要三大元素，達到遊戲中的樂趣體驗。隨後，建議也交由外部人士測試，由原先預定的目標年齡層的玩家進行實際試玩，並蒐集回饋資料。這階段也可以是嚴謹的實驗研究，例如運用專業的心流（flow）問卷，量測玩家的心流與投入狀況等，以說明遊戲中是否有哪個環節無法讓玩家全然投入。

③ 認知機制

認知機制與遊戲機制相同，包含內部與外部實測。但建議可以在內外部實測之前，便將規則交給**認知設計的專家**進行**事前檢視評估**，進行調整後再進行玩家實測。此部分主要是評估遊戲是否能帶給玩家認知思考、專注力以及反思策略的後設認知，亦即是否達到認知的三大元素並真的讓玩家可以對知識進行更多的探索與學習。這個階段的外部實測，也可以是嚴謹的，經由專業實驗設計後的行動研究，搭配對玩家遊玩前與遊玩後的知識測驗（前測與後測）的比較，以佐證說明遊戲對於知識提升的效果。

④ 美術設計

此部分的評估著重於遊戲的卡片、配件與整體呈現上的美術風格與設計，是否符合主題情境並有好的品質。好的美術設計可以在第一時間便吸引玩家的注意力。

上述的測試可以參考並運用以下的表格進行評估。設計者可以用在測試階段進行自我評估、或是給外部的專家或實測的玩家填寫。然後設計者再參考這個表格的**平均分數**來思考如何調整或精緻化您的遊戲。

這個表格採用比較簡單的分類，且沒有分類成太多細部的項目，以方便初學者進行初步的自評與精簡實測的時間。若未來有此基礎，可以再進一步進行更為複雜但專業的多元評估。

知識型桌遊設計初步評估表

評估項目	說　　明	分數（0～7） 0：無達到 7：高度達成	評語
主題情境	遊戲有合理的主題情境，遊戲規則可以讓玩家體驗到設計者希望傳達的主題情境，包含在遊戲介紹、遊戲進行時都能體驗並融入主題情境。		
遊戲機制	遊戲牌卡配件數量、標示的數值、積分、事件、回合動作合理，沒有矛盾、不流暢、錯誤、無法判定勝負等各種情形，且滿足遊戲的重要三大元素，包含具備自由度控制感、不確定性新奇感以及成就感，可達到遊戲中的樂趣體驗。		
認知機制	遊戲可以帶給玩家認知思考、專注力以及反思策略的後設認知，可讓玩家對主題知識進行更多的探索與學習。		
美術設計	遊戲的卡片、配件與整體呈現上的美術風格與設計，符合主題情境並有好的品質。		

練功關卡 15　遊戲測試與評估

評估您的遊戲：

1. 請依據上面的表格來評估自己或小組想要完成的知識主題遊戲。嘗試在自評後修改自己的遊戲。

2. 再進行一次外部測試，找至少 10 位設計師之外的外部玩家來實測，並填寫上面的評估表，統計所有參與者的各項度平均值並嘗試撰寫測試報表。

3. 若有平均低於 4 分的項目，表示為需要加強的部分，可再與組員討論如何修改。

新手設計注意事項

經過各章的說明與實作練習，新手的設計師應該已經完成了屬於自己的知識型桌遊作品。而本團隊（臺灣科大迷你教育遊戲團隊）長期進行多款知識型桌遊的開發，以下彙整了幾個提示新手設計師在認知機制上常遇到的瓶頸與設計要訣，供新手設計師作為參考：

❶ 即時反應類遊戲的注意事項

若您採用即時搶分的機制，例如《心臟病》、《閃靈快手》等需要玩家即時拍牌、出牌或做出特定動作的機制。雖然這樣的機制會帶來緊張刺激的感受與樂趣，但需要特別考量這樣的遊戲機制對玩家認知歷程上的限制。因為，往往這樣的機制若未經過好的配套機制，會產生反應較慢或是使認知學習較有限的玩家持續處於失敗的情況，因而較難累積成就感。此外，也因為反應動作往往在一瞬間，成敗便已經決定，並繼續進行下一回合。因此，速度較慢或還在思考的玩家往往還未回過神，便已經失敗，無法藉由觀摩、思考、討論進行對於主題的探究。因此，建議即時的機制需要考量認知歷程來設計，例如即時機制僅為遊戲的一部分，在還未觸發即時反應機制時，可有足夠的認知思考歷程的累積。

❷ 競爭回合制遊戲的注意事項

初學設計者，往往會直接參考一些娛樂桌遊的手牌管理機制或工人擺放設計方式，逕行套用。但往往忽略遊戲中若是採用以單人為單位的彼此競爭回合制，玩家輪流進行動作時，不同程度的玩家會形成不同的心理歷程。例如高程度的玩家往往會因為等候低程度的玩家完成動作而降低心流，或是低程度玩家因為他人等待而產生高度的焦慮。此外，有時候初學的設計師往往會誤以為整合多種遊戲的機制便是具備深度的遊戲。然而，在遊戲中若一個回合可進行的行動點數過多、可選擇的行動類別過多，玩家資源類別與計分標記過多，或是動作需同時在圖板、手牌或是記分板進行跳躍式的轉移，這些都可能造成個別玩家因為認知負荷過高而無法專注、精確或充分考量所有狀況而感到焦慮或混亂。也可能產生玩家群體在回合的移轉與動作中發生較多的動作錯漏或是積分錯誤，進而影響到遊戲正常的運行。尤其對於知識型遊戲而言，我們還需要保留更多的認知資源讓玩家進行知識的探索，若所有初學的玩家都需要忙碌於規則的理解與繁雜的計分系

統，則勢必對於知識與情境的探索會較難兼顧。因此遊戲需要額外考量這些心理歷程來設計，才能讓玩家產生持續的心流投入，例如降低不必要的行動選擇、促使玩家需要觀察與學習其他玩家的回合動作才能擬定更好的遊戲策略等。

③ 認知機制中的即時核對

　　知識主題桌遊中，設計者往往會設計一些需要讓玩家進行配對、排序或是組合的機制，這些動作中，最重要的部分，也是許多初學設計者們會不小心忽略的，就是需要讓玩家即時核對正確的答案。例如正面是可讓玩家配對的項目名稱，背面是該項目的類別（例如：本書桌遊中職業卡或徵才卡的正反面）。如果缺乏核對的步驟，玩家便無法知道配對是否正確，遊戲也難以進行下去。這樣的即時核對機制，會讓玩家在即時核對時產生腦中的認知衝突，進而對於卡片的資訊印象更深刻，在下一次抽到同一張卡片時，便容易連結並達到記憶提取與加深理解的效果。

練功關卡 16　遊戲發表

發表您的遊戲：

若您已經完成了作品，就來發表吧！若是期待遊戲能夠參加產品提案、競賽，或是直接生產，建議需評估各種配件的印刷材質、設計盒裝並挑選印刷廠商送印。

若要參與募資、行銷或是參加展覽，建議能夠撰寫相關的文宣文案、錄製遊戲介紹影片與遊戲教學影片。

在此關卡中，請至少完成一個您的遊戲的宣傳文案！

若完成這個文案，恭喜您完成了 16 道的練功關卡，祝您的遊戲發表成功！

NOTE

NOTE

書　　　名	寓教於樂：知識主題桌上遊戲設計 - 含118人力銀行桌遊包
書　　　號	PN314
版　　　次	2018年7月初版 2024年5月二版
編　著　者	侯惠澤 臺灣科大NTUST MEG 教育桌遊設計小組
責 任 編 輯	沈育卿
校 對 次 數	7次
版 面 構 成	陳依婷
封 面 設 計	陳依婷
出　版　者	台科大圖書股份有限公司
門 市 地 址	24257新北市新莊區中正路649-8號8樓
電　　　話	02-2908-0313
傳　　　真	02-2908-0112
網　　　址	tkdbooks.com
電 子 郵 件	service@jyic.net
版 權 宣 告	**有著作權　侵害必究** 本書受著作權法保護。未經本公司事前書面授權，不得以任何方式（包括儲存於資料庫或任何存取系統內）作全部或局部之翻印、仿製或轉載。 書內圖片、資料的來源已盡查明之責，若有疏漏致著作權遭侵犯，我們在此致歉，並請有關人士致函本公司，我們將作出適當的修訂和安排。
郵 購 帳 號	19133960
戶　　　名	台科大圖書股份有限公司 ※郵撥訂購未滿1500元者，請付郵資，本島地區100元 / 外島地區200元
客 服 專 線	0800-000-599

國家圖書館出版品預行編目（CIP）資料

寓教於樂：知識主題桌上遊戲設計：含118人力銀行桌遊包 / 侯惠澤, 臺灣科大NTUST MEG 教育桌遊設計小組編著. -- 二版. -- 新北市：台科大圖書股份有限公司, 2024.05
　面；　公分
ISBN 978-626-391-133-8（平裝）
1.CST: 教學遊戲 2.CST: 教學設計
521.4　　　　　　　　113005430

網 路 購 書
　勁園科教旗艦店
　蝦皮商城
　博客來網路書店
　台科大圖書專區
　勁園商城

各服務中心
總　　公　　司　02-2908-5945　　台中服務中心　04-2263-5882
台北服務中心　02-2908-5945　　高雄服務中心　07-555-7947

線上讀者回函
歡迎給予鼓勵及建議
tkdbooks.com/PN314